Hans Szymanski

Die Segelschiffe der deutschen Kleinschiffahrt

Hans Szymanski

Die Segelschiffe der deutschen Kleinschiffahrt

ISBN/EAN: 9783954270125
Erscheinungsjahr: 2012
Erscheinungsort: Bremen, Deutschland

© maritimepress in Europäischer Hochschulverlag GmbH & Co. KG, Fahrenheitstr. 1, 28359 Bremen. Alle Rechte beim Verlag und bei den jeweiligen Lizenzgebern.

www.maritimepress.de | office@maritimepress.de

Bei diesem Titel handelt es sich um den Nachdruck eines historischen, lange vergriffenen Buches. Da elektronische Druckvorlagen für diese Titel nicht existieren, musste auf alte Vorlagen zurückgegriffen werden. Hieraus zwangsläufig resultierende Qualitätsverluste bitten wir zu entschuldigen.

Die Segelschiffe
der
deutschen Kleinschiffahrt

Von
Hans Szymanski

Mit 45 Abbildungen

Lübeck 1929

			Seite
B. Eiserne Segelschiffe			
VII.	Allgemeines		60
VIII.	Einzelne Typen		62
	26. Schuner		62
	27. Logger		63
	28. Tjalk		64
	29. Aak		65
	30. Galeasse		66
	31. Ever		67
Der gegenwärtige Bestand der deutschen Segelschiffe			69
Tabelle I	Abmessungen der hölzernen Segelschiffe, 1840 bis 1926		16
„ II	Im Jahre 1928 in Deutschland vorhandene kleinere eiserne Segelschiffe		60
„ III	Abmessungen der eisernen Segelschiffe, 1870 bis 1928		62
„ IV	Anzahl der deutschen Segelschiffe im Jahre 1928		71
„ V	Alter der deutschen Segelschiffe im Jahre 1928		72
„ VI	Bruttoraumgehalt der deutschen Segelschiffe im Jahre 1928		73
„ VII	Verbreitung der deutschen Segelschiffe im Jahre 1928		74
„ VIII	Segelschiffbau in Deutschland, 1919 bis 1928		78
Literatur			80
Erklärung einiger in der Schrift häufiger vorkommender Fachausdrücke			82
Verzeichnis der Abbildungen			87

Vorwort

Diese Abhandlung ist der erste Versuch, die Entwicklung der kleineren Frachtsegelschiffe der deutschen Küstengebiete, etwa vom Ausgang des 18. Jahrhunderts bis auf die Gegenwart, darzustellen. Die Schiffstypen gehören zu dem heute sehr gepflegten Gebiet der Heimatkunde. Während über einzelne Gebiete der Heimatkunde z. B. über die Bauernhäuser viel Material gesammelt und veröffentlicht worden ist, ist über die Entwicklung von Bau, Besegelung und Verbreitung unserer Schiffsformen — die doch ebenso wertvolles deutsches Kulturgut sind — so gut wie nichts bekannt. Es galt also, aus unzähligen Einzelangaben mosaikartig ein zusammenhängendes Bild zu entwerfen. Als Hilfsmittel wurden verwendet zahlreiche Konstruktionszeichnungen, zeitgenössische Abbildungen, Modelle, Lichtbilder, Baubeschreibungen, Schiffsverzeichnisse und die am Schluß angegebene Literatur. Diese Quellen, denen sich eigene Kenntnisse der einzelnen Segelschiffe zugesellen, haben durch dankenswerte Mitteilungen von Fachleuten Ergänzung gefunden.

Die Ausführung der vorliegenden Arbeit ist von vielen Seiten gefördert worden. Zu großem Dank verpflichtet bin ich dem Museum für Meereskunde (Berlin), Herrn Professor W. Stahlberg, dem Altonaer Museum, Herrn Professor Lehmann, der Bücherei des Reichswehrministeriums (Marineleitung) und der Bücherei des Reichspostministeriums (Berlin), dem Museum für Hamburgische Geschichte und der Kunsthalle (Hamburg); ferner den Herren C. G. E. Crone (Amsterdam), Dr.-Ing. F. Moll (Berlin) und Chr. Voigt (Berlin), sowie den Herren Schiffbaumeistern C. Fünning (Berlin), G. Junge (Wewelsfleth) und Gebr. Schulze (Gauensiek). Herr Dipl.-Ing.

F. Schirokauer (Berlin) hatte die Güte, die Anfertigung der Zeichnungen nach zeitgenössischen Linienrissen zu übernehmen.

Zum Schluß ist es mir eine angenehme Pflicht Herrn Universitäts-Professor Dr. Walther Vogel (Berlin) zu danken, durch dessen freundliche Bemühungen die Veröffentlichung der Abhandlung erst ermöglicht worden ist.

Berlin, im Mai 1929.

Hans Szymanski.

der Elbe vereinzelt vor. Die häufigere Verwendung deutscher Segler in der Ueberseeschiffahrt, etwa seit 1830—1840, verursachte auch in der Kleinschiffahrt eine Umänderung der Schiffstypen. Während man zuerst noch an den durch lange Erfahrungen entwickelten Schiffsarten festhielt, ging man bald, wie in Papenburg und Blankenese, zu den Schiffsformen höherer Ordnung, wie Toppsegelschunern, Schunerbriggen, Dreimast-Schunern und Briggen, ja selbst zu Bark- und Vollschiffen über.

Zusammenfassend kann man sagen, daß die große Zahl der kleinen Segelschiffe an der Nordseeküste, im 19. Jahrhundert und in der Gegenwart bedingt ist durch die ungünstigen Fahrwasserverhältnisse und durch die Nähe der großen Seehäfen, vor allem Hamburgs.

An der Ostseeküste dagegen waren im vergangenen Jahrhundert mehr die größeren Typen von Bedeutung und ihre eigentlichen Küstenfahrer, abgesehen von den zahlreichen Schunern, die Galeassen. Hier hatte die Kleinschiffahrt nur drei voneinander getrennt liegende Verbreitungsgebiete, und zwar die Ostküste von Schleswig-Holstein mit ihren Jachten, Vorpommern mit den Schlupen und Klinkerjachten, sowie das Frische Haff mit den eigenartigen Lommen. Mit dem Rückgang der größeren Segelschiffe — wiederum im Gegensatz zu der Nordseeküstenschiffahrt — sind hier auch die kleineren Typen allmählich fast ganz verschwunden. Gegenwärtig ist der Zustand so, daß z. B. allein die Segler der holsteinischen Elbmarschen einen größeren Raumgehalt als die gesamte deutsche Ostsee-Seglerflotte aufweisen.

Die tiefere Ursache für die Formenunterschiede unserer kleineren Segler liegt aber in dem Einfluß der Stammeskultur. Sie sind nicht nur den Besonderheiten des deutschen Volkstums unterworfen, sondern weisen vor allem niederländische und skandinavische Merkmale auf. An sich scheint das Eindringen fremder Schiffsarten bei uns schon deshalb verständlich zu sein, weil seit Jahrhunderten enge Verkehrsbeziehungen zwischen Deutschland, den Niederlanden und Skandinavien bestanden. Sowohl in den Niederlanden als auch in Dänemark und Schweden hatte nicht nur die Kleinschiffahrt, sondern auch der Kleinschiffbau von jeher eine große Bedeutung. Wenn aber die Schiffe auch noch so gebrauchsfähig sind, so genügt der Verkehr allein nicht immer zur Uebertragung, denn jedes Volk hat ja seine bestimmte Auffassung von dem Wert der Dinge. Sonst wären die ostfriesischen Tjalken auch an der Niederelbe, oder die Jachten der Ostküste Schleswig-Holsteins in Pommern und die dort gebräuchlichen Schlupen wiederum an der genannten Ostküste heimisch geworden. Das Verbreitungsgebiet der Jachten und Schlupen z. B. hat absolut nichts mit den geographischen und wirtschaftlichen Verhältnissen zu tun, vielmehr sind ihre Formen nur durch die verschiedene Stammesherkunft ihrer Erbauer und Schiffer bedingt. Viel bedeutsamer ist der Einfluß der bei uns eingewanderten niederländischen Ansiedler gewesen. Erst dadurch ist die große Zahl der rein niederländischen oder aus ihnen entwickelten Typen von der Ems bis zur Eider hervorgerufen worden.

Wie im Mittelalter der friesische Kogge und Ever ihren Weg zu uns fanden, so sind im 16. und 17. Jahrhundert die Bojer und Fleuten und später besonders die Galioten längs der ganzen deutschen Küste vorgedrungen. Andere holländische Typen des 17. und 18. Jahrhunderts, wie Schmacken, Tjalken und Kuffen sind dagegen über das deutsche Nordseegebiet selten hinausgewandert. Das 19. Jahrhundert endlich ist charakteristisch für das Aufkommen der Groninger Schiffsformen, zuerst der Schunergalioten und Schunerkuffen. Alle diese Typen werden in Deutschland nachgebaut und seitdem nur in geringer Zahl aus den Niederlanden angekauft. Andere wiederum sind in Nachahmung der holländischen Vorbilder bei uns entwickelt, so die ostfriesischen Tjalken und Mutten, die Bojer und Schniggen der Eider sowie viele Everarten der Elbe. Auch bei dem Bau der in der großen Heringsfischerei verwendeten Fahrzeuge waren die Holländer unsere Lehrmeister. Zuerst mit ihren Büsen und Hukern, später vor allem mit ihren Loggern; niederländischen Ursprungs sind auch die Norderneyer Schaluppen. Als seit etwa 1880 die Schiffbauer der Provinz Groningen zum Bau eiserner kleiner Frachtsegler übergingen und dabei zuerst Tjalken und Aaken konstruierten, wurden diese Typen, wie in den vergangenen Jahrhunderten, in großer Zahl bei uns heimisch, aber — abgesehen von wenigen Galeassen — nicht mehr nachgebaut. In der Gegenwart bringt abermals ein neuer Groninger Typ, halb Motorsegler, halb Motorschiff, in die deutsche Handelsflotte ein.

Die schon Eingangs erwähnten abweichenden Schiffahrtsverhältnisse der Ostsee, sowie die große Nähe fremder Küsten mit ihren besonderen Schiffsformen, finden auch ihren Niederschlag in den kleineren Ostseetypen. Hier ist skandinavischer Einfluß, und zwar teils dänischer in den Jachten, Jachtgaleassen und Jachtschunern, teils allgemein skandinavische, teils schwedische Formgebung — spitzgatt und klinkergebaute, breite Fahrzeuge — erkennbar, so bei den pommerschen Klinkerjachten, Klinkergaleassen und Quatzen. Dann aber hat auch die zahlreiche Verwendung größerer Segler hier auf die Gestaltung der Fahrzeuge eingewirkt, z. B. bei den eigentlichen Galeassen und den Schlupen. Die sehr zweckmäßige Jachtform hat den, auf amerikanische Vorbilder zurückgehenden, deutschen Schunertyp allmählich derart verdrängt, daß nach 1900 auf unseren Ostseewerften kaum ein hölzerner Schuner anders als in dänischer Form gebaut worden ist. Dänischer Einfluß hat sich ferner bei einigen Nordseetypen Geltung verschafft, indem der hübsche Jachtspiegel in etwas abweichender Form schon im 18. Jahrhundert auf die Ever, Störprähme und Weserkähne übertragen wurde, auch sind an der Elbe Galeassen und Schuner gelegentlich in dänischer Form gezimmert worden. Nur im Eisenschiffbau hat sie sich gegen die mit einem Klippersteven gebauten Schuner nicht durchsetzen können, obwohl sie oft — vereinzelt an der Elbe und sogar in Holland — verwendet wurde. Von den beiden jüngsten Dreimastschunern hat der Schuner „Bishorst", 1928 in Rendsburg gebaut, die dänische Form, der andere „Stralsund", 1929 in Stralsund gebaut, die sog. deutsche Form mit Klippersteven.

Neben diesen mehr allgemeinen Ursprungsformen haben verschiedene deutsche Schiffsarten auch provinzielle Merkmale. So ist der gekrümmte Vorsteven der einen Schlup (Abb. 17) für mehrere pommersche Typen wie Schlupen, Jachten, Quatzen und Polten charakteristisch, ebenso, wie es das hochgezogene Vorschiff der kurischen Kähne (Abb. 39) für einige ostpreußische Schiffsarten ist. Außerdem variieren mehrere Typen nicht nur zeitlich, nach der Verwendung, nach den einzelnen Werften, sondern auch nach ihrer Verbreitung. Die Begrenzung der lokalen

Formen ist mit großen Schwierigkeiten verknüpft und ist hier nur für die Fracht-Ever durchgeführt. Ebenso wie das Bauernhaus der Vierlande ein anderes ist als das im Alten Lande, in Kehdingen oder in der Wilstermarsch, so verschieden sind auch die hier verwendeten und jetzt fast verschwundenen Evertypen nach Formen und Abmessungen gewesen.

Schlupen. Andere, wie die Elb-Ever, Jachten, Lühejollen und Lommen setzen ein Rahtoppsegel, oder nur eine Breitfock. In der Zeit von etwa 1820 bis 1860 erhielten mehrere Typen einen Besahnmast, so die Weserkähne, Ever, Schniggen, Jachten, Schlupen und Lommen und für einige wurde gleichzeitig oder erst später, eine andere Bezeichnung üblich, etwa Jachtgaleasse, Besahn-Ever, Schlupgaleasse und Schunerlomme. An Stelle der Pfahlmasten oder Masten mit einer festen Stenge traten bei einigen Arten, oder nur bei den größeren Schiffen einzelner Arten Stengemasten; ein Beispiel für das erstgenannte sind die Galeassen, für das andere die Ostsee-Ever. Seit der Mitte des Jahrhunderts werden Gaffeltoppsegel allgemein verwendet, die allmählich die Rahtoppsegel verdrängen. Als dann die Dampfer und Leichter mehr und mehr in der engeren Küstenschiffahrt, sowie in der Nord- und Ostseefahrt den Transport vieler Massengüter übernahmen, nahm der Neubau der hölzernen Segler rasch ab. Um an Besatzung zu sparen, verkleinerte man die Masten und Segelfläche, letztere wurde mehr untergeteilt, so daß häufig einmastige Ever und Jachten nachträglich noch einen niedrigen Besahnmast erhielten. Gleichzeitig sind seit dem letzten Drittel des vergangenen Jahrhunderts wieder die Pfahlmasten vorherrschend geworden.

Eine kurze Erwähnung nur kann hier die oft eigenartige Bemalung und Verzierung der kleinen Schiffe finden. Wie am Ende des 18. Jahrhunderts fast alle größeren Segler ein verziertes Heck mit Heckfenstern hatten, so finden wir dieses ebenfalls bei den Schunern und Galeassen. Verzierte Heckfenster, teils gemalte, teils richtige sind seitdem bei vielen Schiffen angebracht worden, so bei den Kuffen, Galioten, Tjalken, Mutten, Weserkähnen, Störprähmen, Schniggen, Evern, Jachten, Lommen, und haben sich bei einzelnen Fahrzeugen bis zum Ende des Holzschiffbaues gehalten. Außer bei den Bojern sind bei allen platt- oder rundgatt gebauten Schiffen des Nordseegebietes geschnitzte und bemalte Ruderköpfe, bei den einzelnen Typen von verschiedener Form, gebräuchlich gewesen, die gelegentlich auch bei den Ostsee-Jachten vorkamen. Einige Nordseetypen hatten bemalte Klüsbacken, wie die Ever und Lühejollen und andere ein verziertes Galion oder ein bemaltes Galionsknie. Der Spiegel

Tabelle I

Abmessungen der hölzernen Segelschiffe, 1840 bis 1926.

Typ	Länge m	Breite m	Raumtiefe m	Raumgehalt Br.-R.-To.	Verhältnis der Länge zur Breite	Mittlerer Wert Länge zur Breite
Dreimast-Schuner	23,8—42,0	6,4—9,5	2,3—5,2	85—500	3,8—5,2	4,63
Schunerbrigg	24,0—34,0	6,2—8,2	3,2—3,9	130—240	3,7—4,9	4,0
Schuner	17,0—34,0	4,8—8,0	1,9—3,6	40—200	3,3—4,9	3,8
Galiot	20,0—28,0	4,7—7,0	1,9—3,5	50—160	3,8—4,7	4,2
Logger	19,0—26,0	5,5—6,5	2,6—3,2	70—130	3,3—4,1	3,72
Galeasse	14,0—25,0	4,4—6,6	1,7—3,0	25—120	3,0—3,9	3,5
Weserkahn	16,0—22,0	6,1—6,8	1,7—2,6	45—100	2,7—3,2	2,94
Kuff	16,0—26,0	4,2—5,6	1,6—2,4	30—90	3,4—4,8	4,36
Tjalk	14,0—25,0	3,5—5,8	1,2—2,3	20—80	3,5—4,9	4,0
Eidergaliot	16,0—22,0	4,5—6,0	1,6—2,4	35—70	3,3—3,8	3,6
Galeaß-Ever	15,0—21,0	4,8—6,5	1,6—2,3	30—70	2,8—3,8	3,4
Lomme	12,0—22,0	4,6—7,0	1,2—2,0	20—65	2,6—2,9	2,71
Elb-Ever	14,0—20,0	4,0—6,0	1,2—2,2	20—60	2,8—3,7	3,26
Jacht	10,0—20,0	3,5—6,0	1,3—2,8	10—50	2,6—3,5	3,1
Schnigge	15,0—18,0	4,5—5,2	1,2—1,8	30—40	2,9—3,9	3,4
Schlup	10,0—17,0	4,0—5,5	1,5—2,7	20—40	2,5—3,5	3,0

II. Scharfe, auf Kiel gebaute Fahrzeuge.

Mit Ausnahme einiger Schuner und Galeassen werden diese Schiffe bei uns seit über zwanzig Jahren nicht mehr gebaut. Es sind mittelscharfe, seltener sehr scharfe Segler (so einige Schuner und Logger), die einen aufkimmenden Boden, einen hohen Kiel und ein flaches, halbrundes oder rundes Heck besitzen. Nur die schleswig-holsteinischen Jachten hatten einen Spiegel, mit einem frei darüber fahrenden Ruder, alle anderen aber das durch einen Koker binnenbords geführte Ruder, entweder mit einer Ruderpinne oder mit Radsteuerung. Die Masten sind bei allen fest, außer bei den Loggern, die mit einem umlegbaren Großmast getakelt wurden.

1. **Schuner** [Schooner, Schoner]. (Abb. 1, 37, 38.)

Bis vor kurzer Zeit war die meistverbreitete Ansicht diese, daß der erste Schuner im Jahre 1713 von Kapitän Robinson handelt werden kann. Es sei nur bemerkt, daß man die Heckformen der großen Schiffe auch für die Schuner verwendete. Das große Spiegelheck mit den Fenstern wurde durch ein kleineres, mit Bildhauerarbeit verziertes flaches Heck, später durch ein halbrundes ersetzt. Mit der Einführung der China- und Kalifornien-Klipper erhielten die Schuner den Klippersteven und gelegentlich auch das mehr runde Heck. Von Dänemark aus geht seit dem Beginn des 19. Jahrhunderts eine andere Schunerform aus, indem man dort die Jachten auch als Rahschuner, später aber meistens als Gaffelschuner takelt. Während man aber bei uns die Jachtgaleassen sogleich übernahm, scheint der Bau von Jachtschunern nicht sehr häufig in Deutschland gewesen zu sein. Erst am Ende des hölzernen Kleinschiffbaues und ungefähr kurz vor 1900, bringt diese Form bei uns vor und verdrängt fast vollkommen die Schunerform mit dem Klippersteven. Getakelt wurden die deutschen Jachtschuner als Zwei- oder Dreimast-Gaffelschuner.

Verwickelter als die Bauart ist die Besegelung der Schuner und damit ihre Namengebung, die hier nur gestreift werden kann; denn man könnte leicht eine Arbeit wie die vorliegende allein über die Schuner schreiben. Die wichtigsten und bei uns im 19. Jahrhundert verwendeten Takelungstypen waren die Schunerbriggen, Toppsegelschuner, Dreimast-Toppsegelschuner, Schunerbarken und Gaffelschuner. Die Schunerbriggen sind erst am Ende des 18. Jahrhunderts entstanden und hatten einen vollgetakelten Fockmast, mit Mars- und Bramstengen und am Großmast eine lange Stenge. An dem Fockmast wurde eine Fock, ein Mars- und Bramsegel, gelegentlich auch ein Reuel und ein Gaffelsegel, Schunersegel genannt, gefahren, während am Großmast nur ein Gaffelsegel, Großsegel genannt und einige leichte Rahsegel — an deren Stelle später ein Großgaffeltoppsegel trat — gesetzt wurden. Zwischen den Masten wurden mehrere Stagsegel und vorn eine Stagfock, sowie an dem Bugspriet mit Klüverbaum zwei bis drei Klüver und neben den Rahsegeln am Großmast auch Leesegel gefahren. Diese Besegelung erhielten nur die größeren Schuner und man nannte sie bei uns auch Brigantine, Mufferdeibrigg, Mufferdeischuner, Vollmast-Schuner und nach 1860 auch Marssegelschuner. Ueber ihren

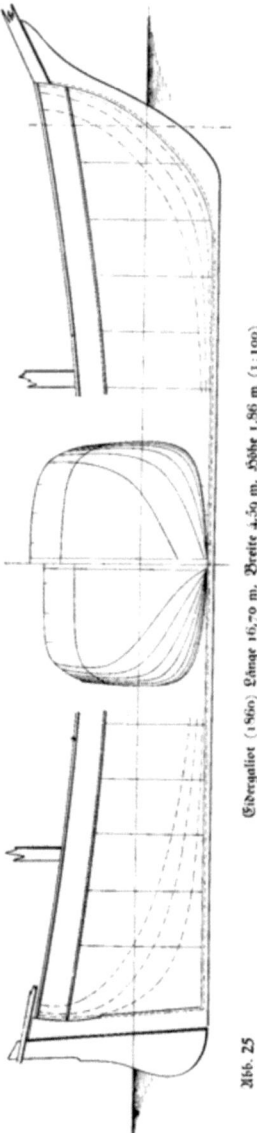

Abb. 25. Ebergaliot (1860). Länge 16,70 m, Breite 4,59 m, Höhe 1,56 m (1:100).

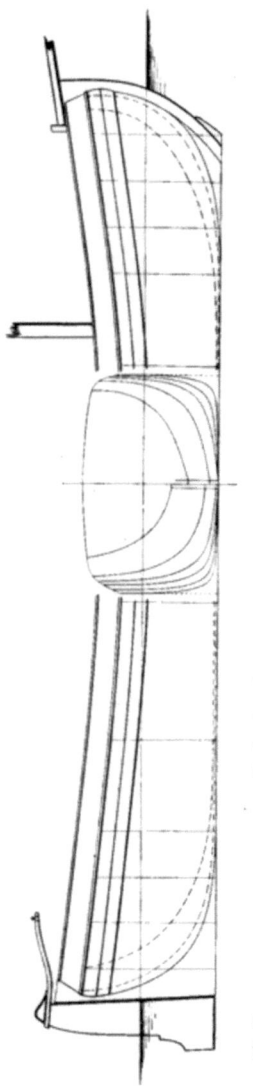

Abb. 26. Tjalk (1891). Länge 16,92 m, Breite 4,13 m, Höhe 1,92 m (1:100).

Inhalt

	Seite
Vorwort	5
Die Schiffstypen und der Einfluß der Umgebung	7
Die Entwicklung der Schiffstypen	
A. Hölzerne Segelschiffe	
I. Allgemeines	13
II. Scharfe, auf Kiel gebaute Fahrzeuge	16
1. Schuner	16
2. Galeasse	21
3. Schleswig-holsteinische Jacht	24
4. Pommersche Schlup	25
5. Logger	27
III. Völlige, auf Kiel gebaute Fahrzeuge	30
6. Kuff	30
7. Kufftjalk	32
8. Galiot	33
9. Eidergaliot	35
10. Eiderschnigge	36
11. Bojer	37
12. Ostfriesische Jacht	37
13. Lühejolle	38
14. Rundgatt-Ever	39
IV. Flachbodige Fahrzeuge mit runder Kimm	39
15. Tjalk	40
16. Mutte	41
V. Flachbodige Fahrzeuge mit kantiger Kimm	42
17. Ever	43
18. Segelschute	50
19. Störprahm	51
20. Weserkahn	52
21. Spitzmutte	54
22. Pünte	54
25. Kurischer Kahn	55
VI. Klinker gebaute Fahrzeuge	56
24. Lomme	56
25. Pommersche Klinkerfahrzeuge	58

Die Schiffstypen und der Einfluß der Umgebung.

Der scharfe Gegensatz zwischen der Nord= und Ostsee kommt auch in der Form ihrer Schiffe zum Ausdruck. An der deutschen Nordseeküste, der als natürliches Hindernis das Wattenmeer mit seinem rasch wechselnden und rauhen Wetter vorgelagert ist, hatte die Kleinschiffahrt ihren Sitz überwiegend in den zahlreichen Häfen der großen und kleinen Flüsse. Deshalb ist die Bauart der Schiffe dieses Verkehrsgebietes auffällig abhängig von dem ungünstigen Fahrwasser und den Gezeiten. Flachgehende Segler wurden hier verwendet, mit flachen oder gekrümmten Spantformen, die mittelscharfe oder sehr völlige Wasserlinien aufweisen: Kuffen und die aus diesen entwickelten Kufftjalken und Galioten, ferner Tjalken und die zu dieser Gruppe gehörenden Mutten, Schniggen und Bojer, sowie die artenreiche und an Schiffszahl alle anderen deutschen Typen weit überragende Gruppe der Ever. Günstiger in geographischer Hinsicht war für die Kleinschiffahrt die Ostsee, denn hier lagen ihre Heimatshäfen fast nur im eigentlichen Küstenland. Abgesehen von den flachen Lommen des Frischen Haffs, sind die eigentlichen kleinen Ostsee=Frachtsegler die Galeassen, Jachten und Schlupen gewesen, auf Kiel gebaute und im Verhältnis zur Länge breite Fahrzeuge. Gewöhnlich hatten sie ein völliges Vorschiff und völlige, nach hinten scharf verlaufende Wasserlinien, bei scharfen Spantformen. Charakteristisch war bei diesen Seglern ihre große Seitenhöhe, im Verhältnis zur Länge, besonders im Vergleich zu den Nordseetypen.

Außer dieser allgemeinen und von der Natur bedingten Gegensätzlichkeit der beiden Meere hat jedes einzelne ihrer Küsten=

gebiete besondere wirtschaftliche Zustände und vor allem auch Bewohner anderer Stämme, die es verständlich machen, daß in den einzelnen Gebieten bestimmte Schiffsarten bevorzugt wurden. Wirtschaftlich lagen die Verhältnisse so, daß weniger die großen Seestädte, sondern mehr die kleinen Städte und Dörfer in den Bodenbau treibenden Gegenden Niederdeutschlands als Ausgangspunkt der Kleinschiffahrt anzusehen sind. Diese ist zuerst reine Bauernschiffahrt gewesen und beschränkte sich auf den Transport und Verkauf der Erzeugnisse der Bodenbewirtschaftung, wofür als Beispiele die Torfschiffahrt der ostfriesischen Fehne und die Obstschiffahrt des Alten Landes an der Niederelbe zu nennen ist. Daneben entwickelte sich bald eine Abart der Frachtschiffahrt, bei welcher der Schiffer dem Erzeuger seine Produkte abkaufte und den Transport und Verkauf übernahm; Beispiele sind die holsteinischen Torfschiffer und die mit Getreide handelnden Jachtschiffer der Ostküste Schleswig-Holsteins. Die dritte und heute vorherrschende Art der Kleinschiffahrt ist die reine Frachtfahrt, bei welcher dem Schiffer nur noch der Transport zufällt. Auch diese ist alt, wenn auch mehr an die Häfen mit größerer Frachtmöglichkeit gebunden. Daher kommt es, daß in der Nähe der großen Seeplätze wie Bremen, Hamburg, Flensburg und Stettin früher und an der Niederelbe noch heute, so zahlreich die kleinen Segler beheimatet waren.

In dem vergangenen Jahrhundert kann man, bei der Kleinschiffahrt, an der deutschen Nordseeküste vier nebeneinander gelagerte Verbreitungsgebiete unterscheiden, deren Bedeutung jeweilig aber ganz verschieden ist. Es sind dies das Gebiet zwischen der Ems und Jade, sowie die Flußgebiete der Weser, Elbe und Eider. Binnen- und Wattenfahrer des Ems- und Jadegebietes waren die Kuffen, Kufftjalken, Tjalken, Mutten und Pünten, an der Weser die Kähne, an der Elbe die Ever, die holsteinischen Prahme, die hannoverschen Segelschuten und Lühejollen, sowie an der Eider die Schniggen und Bojer. Zur Nord- und Ostseeküstenschiffahrt wurden die größeren Schiffe einiger Typen verwendet und außerdem noch an der Ems, Jade und Weser Schunerkuffen, Galioten und Schunergalioten, an der Niederelbe Ostsee- und Galeaß-Ever und endlich von der Eider aus die Eidergalioten; auch Galioten und Galeassen kamen an

Die Entwicklung der Schiffstypen.
A. Hölzerne Segelschiffe.
I. Allgemeines.

Unsere hölzernen Segelschiffe sind fast alle auf den deutschen, seltener auf ausländischen Werften gebaut worden. Als Baumaterial fand ausschließlich Eichenholz und in geringem Umfang auch Buchenholz Verwendung, z. B. für den Kiel und die Bodenbeplankung bei einigen Schiffen bestimmter Typen, so bei den Kuffen, Jachten und gelegentlich bei den Tjalken. Föhrenholz (Kiefer, Fichte) wurde bei fast allen Schiffen für die Decksplanken, für die Bodenplanken der Ever und für die Wegerung einiger Lommen und Weserkähne benutzt. Vorherrschend war der Kraweelbau, nur einige Ostseetypen wurden im Klinkerbau ausgeführt; einzelne Schlupen und Jachten sind halb geklinkert, halb kraweel beplankt worden. Außer den nur gelegentlich zu kurzen Küstenfahrten verwendeten und teilweise gedeckten Pünten, einigen Evern, Lühejollen und Ostsee-Jachten (Jachtboot), besaßen alle anderen ein durchlaufendes, festes Deck und die meisten auch ein kurzes Quarterdeck (Hoch- oder Kajütsdeck). Hinsichtlich der Bauweise zeigen die einzelnen Typen manche Besonderheiten in der Anzahl, Form und Abmessung der Längs- und Querverbände, von denen einige bei den einzelnen Schiffstypen Erwähnung finden.

Für die kleinen Segler ist die Verwendung von Rahsegeln, besonders in der ersten Hälfte des 19. Jahrhunderts, charakteristisch. Eine feste Fock oder eine Breitfock, ein leichtes Marssegel (Toppsegel genannt) und darüber ein Bramsegel führten nicht nur die größeren Typen wie Kuffen, Galioten, Galeassen, sondern gelegentlich auch die Galeaß-Ever, Weserkähne und der Ever, sowie der untere Teil des Jachtspiegels wurde stets blank geschrapt und geölt, indessen der obere und etwas vorspringende Teil bei den Jachten eine schwarze Bemalung mit einem weißen oder gelben Halbkreis zeigte. Außenbords wurden die Schiffe über der leichten Wasserlinie blank geschrapt und geölt, oder teilweise (nur die Berghölzer naturfarben) oder ganz bemalt und erhielten dann gewöhnlich einen schwarzen, hellgrauen oder weißen Anstrich. Die Berghölzer, Leibholz und Schanzkleid (oder Reeling) pflegte man farbig abzusetzen, auch wurde für das Schanzkleid oder die Reeling oft eine abstechende Bemalung gewählt. Weiß oder hellgrün war für die Innenseite der Reeling, für das Ankerspill und Deckhaus, sowie für die Niedergänge üblich.

Die Abmessungen der wichtigsten hölzernen Segelschiffe, etwa von 1840 ab, sind in der Tabelle I zusammengestellt. Geordnet sind die einzelnen Typen nach dem größten Raumgehalt, ausgedrückt in Brutto-Register-Tonnen (Br.-R.-To.); gelegentlich wird in der Arbeit auch die Tragfähigkeit angegeben in Tonnen zu 1000 Kilogramm. Die Abmessungen Länge (L), Breite (B) und Raumtiefe (T) sind die, welche auf Grund der Schiffsvermessungsordnung als Identitätsmaße für die einzelnen Schiffe errechnet sind. Dagegen werden auf den Zeichnungen die Abmessungen, wie sie im Schiffbau üblich sind, angegeben und an Stelle der Raumtiefe die Seitenhöhe (H). Letztere ist für die Beurteilung der Abmessungen viel wichtiger, weil die H bei scharfgebauten Schiffen (z. B. Loggern) größer als die T ist, während H und T bei flachgebauten Schiffen (z. B. Tjalken) annähernd gleich sind; jedoch ist die H nur für wenige Schiffe bekannt.

Für die Bestimmung der einzelnen Schiffstypen hat das Verhältnis der Länge zur Breite (L/B) große Bedeutung, denn bekanntlich unterliegen alle Gegenstände, von denen jeweils eine größere Anzahl in ähnlichen Formen vorkommen, den Gesetzen der Kollektivmaßlehre. Das Verhältnis L/B habe ich für über 2000 deutsche Segelschiffe ermittelt und dabei gefunden, daß für alle Schiffstypen ausgesprochene Mittelwerte bestehen, so verschieden auch an sich die Variationsbreite bei den einzelnen Typen ist.

in Gloucester gebaut worden ist und den Namen von seinem eigenartigen Verhalten bei dem Stapellauf erhalten hat. Jedoch ist die zeitgenössische Ueberlieferung insofern nicht buchstäblich zu nehmen, als die Schunertakelung, wenn auch in einfacher Form, schon im 17. Jahrhundert in Holland und England für kleinere Fahrzeuge Anwendung fand. Wahrscheinlich zeigte der erwähnte Schuner im Rumpf einige Verbesserungen, worauf sein Verhalten bei dem Stapellauf deutet, indem er schnell dahinschoß und wiederholt aufschnellte. Der bekannte Schiffbaumeister Friedrich Schüler erklärte das so, daß der Schuner sicherlich auf einer steilen Stapelung gestanden hat, daß er von sehr leichter Bauart war und in dem Verhältnis zur Breite eine geringe Tiefe, einen überhängenden Vorsteven und Bug, sowie etwas ausfallende Seiten gehabt haben wird (Zeitschrift Hansa Hamburg 1874, S. 199). Also nicht die Takelung, sondern die Rumpfform ist das wesentliche Kennzeichen der älteren Schuner. Erst seit der zweiten Hälfte des 19. Jahrhunderts wird als das entscheidende Merkmal die Takelung angesehen. Die Bezeichnung und spätere Entwicklung dieser Schiffsform ist aber jedenfalls rein amerikanisch, und es sei noch erwähnt, daß der Name zuerst in den Gloucester Town Records 1716 als „sconer", in den Boston News-Letter 1717 als „schooner" und bildlich auf einer Ansicht von Boston, Mass. aus dem Jahre 1725 vorkommt (J. Robinson & G. Dow, The Sailing Ships of New England, Salem 1922 p. 26).

Der Form nach gab es um die Wende des 18. und 19. Jahrhunderts zwei Schunertypen. Die einen hatten ein völliges Vorschiff, mit einem schwach gekrümmten Vorsteven, ein völliges Oberwasserschiff sowie scharfe Spantformen und ein Spiegelheck. Der andere Typ, welcher von den Baltimore-Klippern herstammt und häufiger bei uns, aber etwas abweichend, gebaut wurde, war lang in dem Verhältnis zur Breite, hatte ein überfallendes, oben volles, unten scharfes Vorschiff (Schunerbug), ein völliges Oberwasserschiff, nach hinten eingezogene Seiten, mehr oder weniger große Aufkimmung, lange, leicht konvexe Wasserlinien und ein scharfes Achterschiff, mit einem Spiegelheck. Im ganzen ist ihre Entwicklung im 19. Jahrhundert mehr mit dem Großschiffbau verknüpft, der an dieser Stelle nicht be-

Bestand geben einige lückenhafte Angaben Aufschluß: Bremen 1841 10, 1867 11; Hamburg 1846 12, 1870 24; Oldenburg 1846 2, 1866 45; Hannover 1860 27, 1866 71; Schleswig-Holstein 1864 35; Rostock 1851 25, 1860 13; dagegen sind in den pommerschen Schiffslisten Schunerbriggen und Schuner (d. h. Toppsegelschuner) zusammengezählt. Ihren Rückgang nach 1870 lassen folgende Zahlen erkennen: 1873 264, 1888 114, 1908 7, 1914 2, 1928 0.

Durchschnittlich kleiner, aber häufiger, waren bei uns die Toppsegelschuner. Diese hatten zwei lange Untermasten mit je einer losen Stenge und führten außer den beiden Gaffelsegeln und den Vorsegeln am Fockmast eine feste Fock, meistens aber eine Breitfock, ein leichtes Toppsegel und darüber ein Bramsegel und an dem Großmast ebenfalls ein oder zwei leichte Rahsegel, in der Regel dafür ein Großgaffeltoppsegel und über dem Schunersegel ein Stagsegel. Später erhielten die Toppsegel-schuner ein doppeltes Toppsegel an dem Fockmast, entweder mit oder ohne Bramsegel. Diese Segler, auch kurz Schuner genannt, waren in der Nord- und Ostsee beliebte Frachtsegler, machten aber auch transatlantische Reisen, und von ihnen sind die nach dem Mittelmeer segelnden Bremer und Blankeneser Frucht-schuner, etwa seit 1830 ab, hervorzuheben. Ihre Anzahl war in Bremen 1841 16, 1867 4; Hamburg 1846 24, 1870 12; Oldenburg 1846 8, 1866 34; Hannover 1860 181, 1866 196; Schleswig-Holstein 1864 211; Rostock 1851 18, 1860 12; Pommern, Ost- und Westpreußen mit Einschluß der Schuner-briggen 1858 280, 1866 362 Schuner. In der deutschen Handelsflotte sind vorhanden gewesen: 1873 716, 1888 250, 1908 48 und 1928 0.

Dreimast-Schuner stammen ebenfalls aus der Zeit um 1800, doch sind sie in Deutschland erst spät eingeführt worden. Diese waren im allgemeinen die größten Schuner und bis 500 R.-T. groß, und hatten entweder die Takelung der Toppsegel-schuner oder der Schunerbriggen nur mit dem Unterschied, daß sie noch einen dritten Mast, den Besahnmast, mit einem Gaffel-segel und Gaffeltoppsegel führten. Je nach der Takelung und der Meinung der Seeleute und Schiffbauer wurden sie unter-schieden als Schunerbark, Barkentine, Dreimast-Marssegelschuner einerseits und andererseits als Dreimast-Toppsegelschuner oder kurz Dreimast-Schuner. Theoretisch ist es zwar leicht zu sagen, dieses ist eine Schunerbark und jenes ein Dreimast-Toppsegelschuner, aber in der Praxis wurden die Bezeichnungen sehr durcheinander gebraucht. Den ersten deutschen Dreimast-Schuner finde ich in einem Bremer Schiffsverzeichnis von 1841 und einen anderen in einer Hamburger Liste vom Jahre 1846. In den bislang benutzten Schiffslisten werden die Dreimast-Schuner nicht immer gesondert aufgeführt, so daß hier nur erwähnt sei, daß sie nach 1860 häufiger bei uns verwendet worden sind. Charakteristisch ist ihre große Menge in der preußischen Ostseeflotte, wo sie von 5 im Jahre 1858 auf 47 im Jahre 1870 anwachsen. Verwendet wurden diese Schiffe in der europäischen und transatlantischen Fahrt, doch sind sie aus unserer Flotte längst verschwunden: 1873 91, 1888 85, 1908 2, 1928 0.

Die älteste und doch bei uns die jüngste Schunertakelung in der Frachtfahrt sind die Gaffelschuner, welche an beiden Masten nur eine Stenge und außer der Breitfock gelegentlich ein Rahtoppsegel unter dem Fockstag führten. Sonst bestand ihre Besegelung aus den beiden Gaffelsegeln, zwei Gaffeltoppsegeln, einer Stagfock sowie mehreren Klüvern und einem Großstengestagsegel. Bei den kleineren Gaffelschunern waren auch stengenlose Masten, Pfahlmasten, üblich. Während im Jahre 1873 nur 8 derart getakelte Schiffe bei uns registriert waren, sind heute alle noch vorhandenen Schuner, auch fast alle eisernen, Gaffelschuner. Dreimast-Gaffelschuner werden ebenfalls erst am Ende des vergangenen Jahrhunderts in Deutschland benutzt; doch sind dieses nicht mehr große, sondern kleinere Segler, die fast nur noch in der Nord- und Ostseeküstenschiffahrt beschäftigt werden. Im allgemeinen soll bei den Gaffelschunern — bei den Rahschunern war es immer so — der Großmast höher als der Fockmast sein und damit auch das Großsegel größer als das Schunersegel. Jedoch wird das in der Praxis auch anders gehalten. Der eine bevorzugt zwei gleichhohe Masten und Gaffelsegel, der andere ein größeres Schunersegel und der dritte einen kleineren Großmast und ein kleineres Großsegel, so daß oft die Galeaß- und Gaffelschunertakelung ineinander übergeht. Die Anzahl der Dreimast-Gaffelschuner war in den letzten Jahren:

1888 0, 1908 5, 1928 15, und der Zweimast-Gaffelschuner 1888 58, 1908 69, 1928 30.

2. Galeasse [Galeaß, Galjaß]. (Abb. 2, 3, 27.)

Die Galeassen sind an der deutschen Ostseeküste, vermutlich in Pommern entstanden und werden 1768 von Chapman in seinem berühmten Tafelwerk „Architectura navalis mercatoria" mit „Galeasse d'Allemagne" bezeichnet. Ihr Hauptverbreitungsgebiet war die deutsche Ostseeküste und im geringeren Umfange auch die Niederelbe. Ueber den Bestand an Galeassen liegen aus älterer Zeit nur einige Zahlen vor. So zählte die schlesw.-holst. Flotte im Jahre 1797 120 Galeassen, davon allein 74 in Flensburg. 1846 waren an der Niederelbe 31 beheimatet, Rostock besaß im Jahre 1851 47, die auf 22 im Jahre 1860 zurückgehen. 1864 gehörten nach Pommern 25, Schleswig-Holstein 48 und nach Hannover 13 solcher Fahrzeuge. Während 1873 die deutsche Handelsflotte 123 Galeassen zählte, sind es gegenwärtig nur noch 19.

Die alten Galeassen waren mit stark aufkimmendem Boden auf Kiel gebaute Fahrzeuge und hatten einen schwach gekrümmten Vorsteven, ein völliges Vorschiff, sowie völlige nach hinten scharf verlaufende Wasserlinien. Meist mit großem Sprung und oben mit sehr stark eingezogenen Spanten gebaut, die nur wenig über das feste Deck hinauf geführt wurden, hatten sie nur eine sehr niedrige Verschanzung. Eigenartig und kompliziert gezimmert war das Heck dieser Fahrzeuge, welches in ähnlicher Form noch heute auf den Lommen des Frischen Haffs vorkommt. Aus dem 18. Jahrhundert sind uns, außer mehreren Lastenangaben, auch die Abmessungen von zwei Galeassen erhalten geblieben, welche in den Jahren 1772 und 1780 zu Stettin für die Kgl. Seehandlungs-Societät in Berlin gebaut worden sind. Das „Gallias Schiff Fortuna genand, ohngefähr 60 Lasten groß" war 22,0 Meter im Kiel und 22,5 Meter über Deck lang, über die Berghölzer 7,0 Meter breit und hatte eine Raumtiefe von 2,4 Meter. Die andere Galeasse „Schwalbe" genannt, hatte geringere Abmessungen: 15,2 Meter mal 5,5 Meter mal 2,7 Meter, bei einer Größe von 40 Lasten. Getakelt waren diese älteren Galeassen mit zwei Masten, einem langen Bugspriet mit oder ohne Jagerbaum. Der hohe und mit einer festen Stenge versehene Großmast stand auf etwa ein Drittel der Schiffslänge von vorn und führte ein Großgaffelsegel, eine Breitfock, ein Toppsegel, daneben auch Leesegel und eine große Stagfock. An dem weit hinten stehenden und viel niedrigeren Besahnmast wurde nur ein Besahn gefahren, der oben sehr schmal geschnitten war. Auf dem Bugspriet standen ein bis zwei Klüver und ein Jager.

Die völlige Form bei scharfem Achterschiff wurde auch im 19. Jahrhundert beibehalten, doch erhielten sie gewöhnlich ein Galion und später ein überfallendes Vorschiff oder einen vollen Schunerbug, sowie ein kleines, verziertes und flaches Heck, mit Heckdavits und ein höheres festes Schanzkleid. Die Bemastung wurde ebenfalls verändert, indem an beiden Masten lose Stengen und an dem langen Bugspriet ein Klüverbaum üblich wurde. Außer den schon erwähnten Segeln führten sie an dem Großmast ein Bramsegel und darüber gelegentlich ein Reuel, sowie Leesegel bis zu dem Bramsegel hinauf; über den etwas vergrößerten Besahn wurde ein Gaffeltoppsegel gesetzt. Im letzten Drittel des vergangenen Jahrhunderts erhielten die Galeassen schärfere Formen, einen Klippersteven und ein halbrundes Heck. Diese hatten in der Regel einen größeren und nicht mehr so weit hinten stehenden Besahnmast und entweder eine feste Stenge vorn und eine kleine, lose Stenge hinten, oder an beiden lose Stengen, oder zwei Pfahlmasten. An Stelle der oberen Rahsegel wird ein Großgaffeltoppsegel gefahren und nur die Breitfock beibehalten.

Gebaut wurden sie hauptsächlich in der Umgebung von Stettin, in Vorpommern, Mecklenburg, an der Ostküste von Schleswig-Holstein, vereinzelt an der Eider und Westküste, sowie an der Niederelbe. Es waren ziemlich breite (mittlerer Wert L/B 3,5) und tragfähige Fahrzeuge, die überwiegend in der Nord- und Ostsee Verwendung fanden. Unter den 19, noch augenblicklich vorhandenen Fahrzeugen befinden sich: 4 eigentliche Galeassen mit einem Heck, 6 Jachtgaleassen, 2 Spitzgatt-Jachtgaleassen, 4 Spitzgatt-Klinkergaleassen, 2 umgebaute Quatzen und 1 umgebauter Heuer.

Von den Abarten der Galeassen werden die Schlup- und Jachtgaleassen bei den Schlupen und Jachten, die Galeaß-Ever bei den Evern beschrieben. Hier sollen nur die Pfahlgaleassen, worunter eine Galeaß mit Pfahlmasten zu verstehen ist, die Fastgaleassen, welche ebenfalls keine Typbezeichnung sind, sowie die Schuner- und Hukergaleassen Erwähnung finden. Seitdem John Brinkmann in der bekannten Rostocker Erzählung „Kasper Ohm un ick" den Namen Fastgaljaß angewendet hat, wird der Name häufig als eine Typbezeichnung angesehen, aber mit Unrecht. „Fast" hat nur eine schmückende Bezeichnung und bedeutet schnelles Schiff. W. Seelmann (Jahrb. d. Ver. f. niederdt. Sprachforschung, 1917 S. 44) hat die Rostocker Zeitung der 1810—20er Jahre durchgesehen, ohne den Namen vorzufinden, stets heißt es „Gallias". Damals war aber die Zeit, wie Brinkmann sagt, „as de Fastgelljassen un Mufferdeischoners noch in de Mod wieren". Die Schunergaleassen hatten an dem Großmast Rahsegel, wie die meisten anderen Galeassen, aber einen höheren und weiter vorn stehenden Besahnmast. Vermutlich ist die Bezeichnung in der Zeit entstanden, als die Galeassen an Stelle des nach außen geneigten Vorstevens einen Schunerbug und eine lose Stenge am Großmast erhielten. Weil später alle Galeassen so oder mit einem Klippersteven gebaut wurden, ist der Name wieder ungebräuchlich geworden, auch kommt er in den älteren Schiffsverzeichnissen nicht vor. Eine große Art der Galeassen waren die längst verschwundenen und in Mecklenburg und Pommern beheimateten Hukergaleassen. Von diesen gab es noch im Jahre 1873 vier, welche alle in den Jahren 1818 bis 1838 gebaut worden sind. Als Beispiel erwähne ich die letzte deutsche Hukergaleasse „Ernestine", gebaut 1838 zu Ueckermünde, untergegangen im Jahre 1895, welche bei einem Raumgehalt von 169 Br.-R.-To. eine Länge von 23,60 Meter, eine Breite von 7,12 Meter und eine Raumtiefe von 4,45 Meter hatte. Verwendung fanden sie vornehmlich als Holztransportschiffe und hatten eine große Besatzung; die vier erwähnten Schiffe hatten jede eine Besatzung von 8 Mann. Abgesehen von der Größe lag der Unterschied in ihrer Takelung. Sie führten einen vollgetakelten Großmast mit Mars- und Bramstengen, an welchen ein Großsegel (Fock), Mars- und Bramsegel, gelegentlich auch ein Reuel gefahren wurde. An der Stenge des Besahnmastes führten sie ein Kreuzsegel (Toppsegel) und seltener darüber noch ein Bovenkreuzsegel. Ihre sonstige Besegelung bestand aus den beiden Gaffelsegeln, der Stagfock, mehreren Klüvern und Leesegeln.

3. **Schleswig-holsteinische Jacht.** (Abb. 4, 18, 23, 45.)

Im 18. und 19. Jahrhundert waren die Jachten die typischen kleinen Küstensegler der Ostküste von Schleswig-Holstein, die fast nur zu Fahrten in der Ostsee dienten. Nach einem Verzeichnis vom Jahre 1797 befanden sich unter den schleswig-holsteinischen Schiffen allein 412 Jachten. 1864 werden in einer Liste 145 Jachten mit einer Tragfähigkeit von 25 bis 100 To. namentlich aufgeführt, doch fehlen hierbei die vielen kleineren Jachten. Nach 1870 nimmt ihre Zahl rasch ab: 1870 240, 1890 126, 1910 55, 1928 1. Aus ihrem engeren Verbreitungsgebiet sind sie selten herausgenommen worden. Nur in Pommern und an der Niederelbe sind die Jachten vereinzelt beheimatet worden. In der ersten Hälfte des vergangenen Jahrhunderts haben solche Jachten die Lotsen von Blankenese, Neumühlen und Develgönne, von der Elbmündung bis zum Kanal kreuzend, an die einkommenden Schiffe abgesetzt. Auch die letzte Jacht der deutschen Handelsflotte „Adolph", 1868 in Wellingdorf gebaut, gehört zur Elbe und ist in Cuxhaven beheimatet.

Das Kennzeichen der scharf auf Kiel gebauten Jachten sind der gekrümmte Vorsteven, ein völliges Vorschiff und sehr völlige, im Unterwasserschiff nach hinten scharfe Wasserlinien. Sie weisen einen starken Sprung auf, besonders im Achterschiff, haben ein Quarterdeck und einen geraden, stark nach hinten geneigten Achtersteven, sowie einen großen, oben etwas hervorspringenden Spiegel mit Bootsdavits. An diesen waren früher Heckfenster, später allgemein eine halbkreisförmige Verzierung üblich. In dem Verhältnis zur Länge besaßen sie eine große Seitenhöhe sowie eine große Breite, denn ihr Mittelwert L/B beträgt 3,1. Seit der zweiten Hälfte des 19. Jahrhunderts wurden sie gelegentlich mit einem kleinen Heck und seit den achtziger Jahren auch spitzgatt gebaut, nach dem Vorbild der dänischen Zollkreuzer und Fischerboote. Die Bauwerften der Jachten lagen nur an der Ostküste, besonders in Sonderburg, Arnis, Kappeln, Eckernförde und an der Kieler Förde.

Die Takelung der Jachten bestand aus einem hohen Pfahlmast, etwa auf ein Drittel der Schiffslänge von vorn stehend, dessen Topp stets nach vorn gestagt wurde. An diesem führten sie das charakteristische Jachtsegel, d. h. ein hohes Gaffelsegel mit langem Großbaum und kurzer Gaffel, eine große Stagfock und an dem Bugspriet und Jagerbaum den Klüver und Jager. Ueber dem Fockstag setzten die älteren Jachten ein loses Rahtoppsegel, das schon im Anfang des 19. Jahrhunderts durch die Breitfock oder Spitzbreitfock ersetzt wurde. Seit den fünfziger Jahren bevorzugte man für die Jachten größere Abmessungen, die auch eine Vergrößerung der Segelfläche bedingten. An Stelle des Jachtsegels trat ein oben breiteres Gaffelsegel, in der Form wie auf den Schlupen gebräuchlich und über der Breitfock wurden ein festes Rahtoppsegel, aber unter dem Fockstag, daneben und darüber dreieckige Leesegel gesetzt, auch erhielt der Mast gelegentlich eine feste Stenge.

Um diese Zeit entstanden die Jachtgaleassen, welche sich nicht in der Form des Rumpfes, sondern nur in der Besegelung von den Jachten unterscheiden. Die Jachtgaleassen hatten entweder Stenge- oder Pfahlmasten und ein Bugspriet mit Klüverbaum, die später gebauten und kleineren gewöhnlich nur Pfahlmasten und ein langes Bugspriet. Außer den auf den Jachten üblichen Segeln führten sie Gaffeltoppsegel und an den beiden Masten Gaffelsegel von gleichem Schnitt wie auf den Galeassen, häufig aber mit einem größeren Besahn. Gaffeltoppsegel fanden auch auf den Jachten Eingang und verdrängten bald das Rahtoppsegel. Die eigentlichen Jachten wurden auch weiterhin gebaut, doch sind einige nachträglich noch mit einem kleinen Besahnmast versehen worden. 1864 zählte die schleswig-holsteinische Handelsflotte 17 Jachtgaleassen mit einer Tragfähigkeit von 50 bis 150 To. Dagegen läßt sich ihr Bestand für die späteren Jahre nicht mehr ermitteln, weil sie oft als Galeassen verzeichnet werden. Zur Zeit sind, wie schon erwähnt, noch 8 Jachtgaleassen vorhanden.

4. **Pommersche Schlup.** (Abb. 5, 17, 20.)

Neben den kleinen Schunern sind an der pommerschen Küste im 19. Jahrhundert die wichtigsten Frachtsegler die Schlupen gewesen, von denen heute noch einige und recht alte Fahrzeuge vorhanden sind, die nur in der Haff- und Boddenfahrt Verwendung finden. Früher befuhren sie nicht nur die ganze Ostsee, sondern wagten sich — unter der Führung seegewohnter Blankeneser Kapitäne — bis nach dem Mittelmeer. 1858 zählte man in Pommern, frühere Zahlen sind nur unvollständig erhalten, 189 Schlupen mit Einschluß einiger Jachten, 1878 gab es noch 249, die auf 48 im Jahre 1914 zurückgehen, und zur Zeit sind von ihnen noch 5 mit einem Unterscheidungssignal vorhanden.

Die Schlupen wurden bis vor etwa vierzig Jahren auf den kleinen Werften am Stettiner Haff, in Vorpommern, auf Rügen und in Mecklenburg gebaut. Es waren kurze, dabei aber sehr breite (L/B 3,0) Segler, mit einer großen Seitenhöhe in dem Verhältnis zur Länge. Mit aufkimmendem Boden auf hohem Kiel gebaut, besaßen die Schlupen einen geraden, schwach ausfallenden oder einen gekrümmten und überfallenden Vorsteven, oft mit richtigem Galion, einen geraden Achtersteven und ein plattes oder halbrundes Heck mit Bootsdavits, sowie ein hohes Schanzkleid. Bei voller Schiffsform hatten sie entweder sehr scharfe Enden, oder ein völliges Vorschiff, unter Wasser ein scharfes Achterschiff. Doch waren sie im allgemeinen schärfer gebaut als die Jachten und hatten im Gegensatz zu diesen einen sehr schwachen Sprung.

Der breiten und tiefen Rumpfform wegen konnten sie eine größere Besegelung als die Jachten führen. Die Schlupen hatten einen hohen Untermast, mit einer langen Stenge und ein festes Bugspriet mit oder ohne Klüverbaum. Ihre Besegelung bestand aus einem großen, oben sehr breiten Gaffelsegel (Schlupsegel), einer Breitfock, Gaffeltoppsegel, Stagfock, einem sehr großen Klüver und Jager. Die älteren Schlupen führten gelegentlich auch feste Rahsegel, ein Topp- und Bramsegel, sowie am Vorgeschirr einen Flieger. Als die Schlupen nicht mehr zur eigentlichen Ostseefahrt verwendet wurden, erhielten viele an Stelle des schweren Stengemastes einen leichten Pfahlmast.

In dem ersten Drittel des 19. Jahrhunderts wurden einige Schlupen mit einem kleinen Besahnmast getakelt und aus diesen entwickelten sich um die Mitte des Jahrhunderts die Schlupgaleassen. In der Form durchaus Schlup hatten sie eine ähn-

liche Takelung wie die Galeaſſen. Außer dem großen Schlup=
maſt führten ſie einen hohen, weiter nach vorn ſtehenden Beſahn=
maſt, ebenfalls mit einer langen Stenge und an beiden Maſten
ſehr große Gaffelſegel, Gaffeltoppſegel, ſowie an dem Großmaſt
drei Rahſegel, eine Stagfock und an dem Bugſpriet mit Klüver=
baum mehrere Klüver. Ueber ihren Beſtand in der pommerſchen
Handelsflotte ſind wir zu keiner Zeit unterrichtet. Auch werden
ſie, wie die Hukergaleaſſen, kaum viel gebaut worden ſein, weil
man den eigentlichen Galeaſſen den Vorzug gab. Schlupen, oder
wie man auch ſagt Schaluppen, kamen vereinzelt auch in Mecklen=
burg und in Schleswig=Holſtein, ſowohl an der Oſtküſte wie
an der Elbe vor. Hervorzuheben ſind die Blankeneſer Schaluppen,
breite, aber flacher auf Kiel gebaute Fahrzeuge, die außer der
Breitfock keine Rahſegel führten. Mit dieſen kleinen Fahrzeugen
ſegelten die Blankeneſer in der erſten Hälfte des vergangenen
Jahrhunderts nach dem Mittelmeer, um von dort mit Süd=
früchten zurückzukehren. Dagegen ſind die Norderneyer und
Helgoländer Schlupen ganz andere Schiffsformen.

Eine Abart der Schlupen waren die in Pommern verwen=
deten Jachten, mit einem überfallenden Vorſteven (Klipperſteven)
und einem Heck. Sie hatten eine zierliche Form und ſchärfere
Waſſerlinien als die Schlupen, ſonſt aber die gleiche Beſegelung,
jedoch ohne Rahſegel und ebenfalls einen Stengemaſt. Gegen=
über den Schlupen war ihre Zahl immer gering, und zur Zeit
iſt von dieſen Fahrzeugen nur noch eine vorhanden, die im Jahre
1893 zu Anklam gebaute „Meta" von Stralſund, 28 Br.=R.=To.
groß. Außer dieſen Jachten wurden hier noch verwendet die
Spitzgatt=Kraweel= oder Klinkerjachten, auch Warpſches Boot
genannt, die bei den Klinkerfahrzeugen beſchrieben werden, und
gelegentlich auch ſchleswig=holſteiniſche Jachten mit einem Spiegel.
Doch kann man nach den Schiffsverzeichniſſen nur ſelten feſt=
ſtellen, welche pommerſche Jachtform gemeint iſt.

5. Logger.

Die Segelfahrzeuge der deutſchen Hochſeefiſcherei waren und
ſind es zum Teil noch die Fiſcherever und Kutter, früher haupt=
ſächlich nach Blankeneſe und Finkenwärder gehörend, ſowie die
Logger, welche vornehmlich von Emden, Glückſtadt, Vegeſack

und Elsfleth aus zur großen Heringsfischerei verwendet wurden. Hier sollen nur die Logger beschrieben werden, die früher bei uns nur vereinzelt, seit dem Kriege aber in steigender Zahl als Frachtfahrzeuge umgebaut worden sind. Die Logger sind französischen Ursprungs und wurden im Jahre 1866 in Holland eingeführt, bald darauf auch dort nachgebaut, jedoch mit etwas anderen Abmessungen. Als im Jahre 1872 die Emder Heringsfischerei-A.-G. gegründet wurde, kaufte man von Holland sechs Logger an, später wurden auch ähnliche französische und englische Fahrzeuge erworben. Ihr Bau wurde in Deutschland zögernd aufgenommen, zuerst von H. Klattenhoff in Emden im Jahre 1874, später folgte C. Cassens, Emden, 1884, J. & H. Gehlsen in Glückstadt, 1889 und J. Peters in Wewelsfleth 1895; außer diesen sind auch Logger auf mehreren anderen Werften gebaut worden. Hölzerne Logger werden bei uns seit etwa zwanzig Jahren nicht mehr gebaut, weil an ihre Stelle die sehr ähnlichen, aber flußeisernen Logger getreten sind. Die Entwicklung und gleichzeitig den Rückgang der Logger veranschaulichen folgende Angaben: 1872 6, 1882 11, 1892 23, 1902 75, 1912 90, 1928 30!

Je nach der Herkunft sind die Abmessungen der Logger verschieden gewesen. Die größten waren die aus Frankreich stammenden, über 25 Meter lange und über 7 Meter breite und hohe Fahrzeuge, und die kleinsten die holländischen, etwa 19 bis 23 Meter lang und 5,60 bis 6,00 Meter breit. Aehnliche Abmessungen wie die holländischen Logger hatten die englischen, die bei einer etwas geringeren Breite im Verhältnis zur Länge, eine größere Seitenhöhe aufweisen. Die älteren deutschen Logger waren 21 bis 24 Meter lang und 5,80 bis 6,00 Meter breit, die neueren, etwa seit 1896, rund 24 bis 26 Meter lang und 6,10 bis 6,50 breit. Interessant ist der mittlere Wert L/B bei diesen Fahrzeugen, der sehr eng zusammen liegt: Französische und holländische Logger 3,5, englische 3,68, ältere deutsche 3,78 und neuere deutsche 3,85; alle zusammen haben als mittleren Wert 3,72.

Allen gemeinsam ist die sehr scharfe Spantform, das völlige Oberwasserschiff, der gerade, etwas nach außen geneigte Vorsteven und ein gerader Achtersteven, mit einem überhängenden schrägen und dabei platten Heck, ein glattes Deck ohne Aufbauten und mit niedrigen Lukensüllen, sowie ein hohes Schanzkleid; nur einige hatten ein kurzes Quarterdeck. Ihre ursprüngliche Takelung, drei Masten mit Luggersegeln, wurde bei der Uebernahme in Holland geändert und durch zwei Masten mit Gaffelsegeln ersetzt. Die bei uns verwendeten Logger hatten einen niedrigen und zum Niederlegen eingerichteten Fockmast, sowie einen feststehenden Großmast mit kurzer Stenge und ein loses Bugspriet. An Segeln führten sie zwei Gaffelsegel, davon das Vorgaffelsegel ohne Baum, eine schmale Stagfock, einen Klüver und gelegentlich zwischen den Masten ein Stagsegel (Deckschwabber). Als in den Jahren 1875 bis 1878 von Emden aus der mißglückte Versuch gemacht wurde, die Logger zur Schleppnetzfischerei auch im Winter zu verwenden, erhielten diese einen feststehenden Großmast mit loser Stenge und einen festen und niedrigen Besahnmast, zuerst auch mit Stenge. Das Großsegel wurde ohne Baum gefahren und als neue Segel werden zwei Gaffeltoppsegel eingeführt. Später wurde der Großmast, in einem Koker etwa 1 Meter unter Deck und auf einen Bolzen drehend, zum Niederlegen eingerichtet. Am Ende des vergangenen Jahrhunderts wurden dann die Logger mit stengenlosen Masten üblich, und mit der Einführung der Motoren ist auch ihre Segelfläche verkleinert worden.

Vor diesen Loggern wurden, was weniger bekannt ist, schon früher solche Fahrzeuge in Deutschland gebaut. Zur Zeit der Kontinentalsperre waren längs der deutschen Küste viele französische Wachtschiffe stationiert, wozu die Franzosen vielfach die schnellsegelnden Logger (Lougres) verwendeten und deren Bau ist in Deutschland veranlaßten. So wurden auf der Lange'schen Werft in Vegesack, auf der das erste deutsche Dampfschiff „Die Weser", im Jahre 1817 vom Stapel lief, seiner Zeit sechs Logger gebaut. Wahrscheinlich sind Risse von solchen Fahrzeugen in deutschem Besitz verblieben, und noch in den Jahren 1856 und 1866 wurden zu Kolberg und Rügenwalde kleinere Frachtlogger gebaut. Auch die im Jahre 1886 bei Burchard & Co. in Rostock gebauten Logger zeigen in ihren Abmessungen mehr Uebereinstimmung mit den französischen als mit den damals gebräuchlichen holländischen und deutschen Loggern.

III. Völlige, auf Kiel gebaute Fahrzeuge.

Die Segler dieser Gruppe sind alle im Nordseegebiet gebaut worden und waren hier auch fast ausschließlich beheimatet. Allen gemeinsam ist der große Sprung, das völlige Vor- und Achterschiff und die völligen Wasserlinien, die nur im Unterwasserschiff, besonders hinten, schärfer verlaufen. Sie besitzen einen runden, schwach aufkimmenden Boden mit einem niedrigen Kiel, weshalb bei einigen Typen Seitenschwerter nötig sind, um die Abtrift zu vermindern. Ihr Ruder fährt frei am Achtersteven und hat lange Ruderpinne, welche bei den größeren Fahrzeugen durch Radsteuerung ersetzt ist. Teils haben sie feste Masten, wie die Kuffen, Galioten, Eidergalioten, Schniggen, teils zum Niederlegen eingerichtete, wie die ostfriesischen Jachten und die Bojer, teils sowohl feste als auch lose Masten, wie die Lühejollen und Kufftjalken.

6. Kuff. (Abb. 6, 29.)

Dieser schwerfällig aussehende Typ entstand im Laufe des 18. Jahrhunderts in Friesland und Groningen und wurde gleichzeitig von den Schiffbauern in Ostfriesland und Oldenburg übernommen. Sie waren in dem vergangenen Jahrhundert die typischen Küstenfahrer Nordwestdeutschlands. Während die kleineren nur zur Binnen- und Wattenfahrt dienten, war das Verkehrsgebiet der meisten Kuffen die Nord- und Ostsee, und einige unternahmen gelegentlich auch transatlantische Reisen. In der Mehrzahl gehörten sie nach Hannover und Oldenburg, wenige nach Schleswig-Holstein, Bremen und Hamburg, indessen sie an der Ostseeküste selten beheimatet waren. Seit der Mitte des 19. Jahrhunderts geht ihre Zahl zurück, denn an ihre Stelle traten Galioten, Schuner, Schunerbriggen und Briggen, besonders in der oldenburgischen Flotte. Diesen Rückgang veranschaulichen folgende Angaben: Oldenburg besaß im Jahre 1846 80 Kuffen und 1 Schunerkuff, 1866 nur noch 31 Kuffen, in der hannoverschen Handelsflotte waren 1860 256 Kuffen und 14 Schunerkuffen vorhanden, gegen 193 bzw. 17 im Jahre 1866.

Die richtigen Kuffen sind aus der deutschen Handelsflotte, ebenso wie in Holland, längst verschwunden.

Sie hatten einen ziemlich gleichmäßig breiten Rumpf, ein breites Vorschiff mit einem schwach gebogenen Vorsteven, ein volles aber mehr abgerundetes Achterschiff, einen fast senkrechten Hintersteven, an dem sich der Schiffsboden in Form einer Piek ansetzt. Zuerst führten alle Kuffen außer einem niedrigen Kiel auch Seitenschwerter, weil sie einen ziemlich flachen und breiten Boden hatten. Später erhielten die größeren Schiffe einen Loskiel und Kimmkiele und konnten somit die auf See oft lästigen Schwerter entbehren. Fast alle hatten eine feste Verschanzung und darüber eine Notreeling, ein erhöhtes Kajütsdeck und ein Roof an Deck. Charakteristisch war ihr hohes, schmales Ruder, das stets mit einem geschnitzten Ruderkopf, von verschiedener Form und Bemalung, verziert war. Getakelt waren die Kuffen am Ende des 18. Jahrhunderts wie die gleichzeitigen Galeassen, nur mit der Abweichung, daß über dem ausgegillten Toppsegel ein leichtes Bramsegel gesetzt wurde.

Um den Kuffen bessere Segeleigenschaften zu geben, veränderte man im 19. Jahrhundert allmählich ihre Form. Sie erhielten im Unterwasserschiff, besonders hinten, schärfere Wasserlinien, einen schwach aufkimmenden Boden, und an Stelle des breiten, fast senkrecht heruntergehenden Vorschiffes, verwendete man mehr abgerundete Spanten, sowie einen ausfallenden Vorsteven. Getakelt waren diese Schiffe sehr verschieden, entweder nach der Art der älteren, oder der neueren Galeassen. Später aber meist als Schunergaleasse und nach dem Vorbilde der Groninger Kuffen auch als Toppsegelschuner, oder als Schunerbrigg. Derartig besegelte Schiffe nannte man Schunerkuffen, solche hatten mehr abgerundete Formen und größeren Sprung als die anderen Kuffen. Die kleineren Kuffen, oft noch mit Seitenschwertern, führten am Ende des Jahrhunderts an ihren Stenge- oder Pfahlmasten, außer den üblichen Gaffel- und Vorsegeln, eine Breitfock, ein kleines Toppsegel und gelegentlich auch Gaffeltoppsegel; vereinzelt gab es auch einmastige Kuffen.

Im Anfang des vergangenen Jahrhunderts besaßen die Kuffen, entsprechend ihrer größeren wirtschaftlichen Bedeutung, größere Abmessungen als die in der zweiten Hälfte des 19. Jahrhunderts gebauten. Nach einer aus dem Jahre 1817 stammenden Notiz hatten die ostfriesischen Kuffen folgende Abmessungen: L. 20,0—30,0 Meter, B. 4,50—7,00 Meter, Tiefe 2,00—4,50 Meter, bei einer Tragfähigkeit von 72 bis 300 Tonnen. Gegenüber den auf S. 16 angegebenen Daten, sind die älteren Kuffen breiter und höher gewesen. Gebaut wurden sie hauptsächlich auf den kleineren Werften in Ostfriesland und Oldenburg, sowie gelegentlich an der Eider; auch holländische, in Groningen gebaute Kuffen fanden bei uns Verwendung.

Eine Abart der ostfriesischen Kuffen waren die allezeit nur wenig vorhandenen und heute verschwundenen Helgoländer Kuffen, die auch Schniggen genannt wurden. Neben den einmastigen Schaluppen verwendeten die Helgoländer am Ende des 18. Jahrhunderts für den Schellfischfang die zweimastigen und von Norderney angekauften Schaluppen, breite und gedeckte Fahrzeuge (Schlesw.-Holst. Prov. Ber. 1791, S. 149). Die Norderneyer Schaluppen hatten bei völliger Form vorn und hinten scharfe Wasserlinien, einen gekrümmten hohen Vorsteven sowie einen geraden und niedrigen Achtersteven, aufkimmenden Boden mit runder Kimm, einen niedrigen Kiel und führten Seitenschwerter. Einige von ihnen dienten als Frachtfahrer, besonders nach Altona und Hamburg und wurden auch an der Elbe, zuerst in Altona, später in Uetersen und Wewelsfleth gebaut. Die an der Elbe gezimmerten Fahrzeuge erhielten aber eine mehr kuffähnliche Form, doch mit schärferem Vor- und Achterschiff, sowie das auf den Kuffen übliche Ruder und wurden dann Kuff genannt. Getakelt waren sie mit zwei festen Pfahlmasten, Großmast und niedrigem Besahnmast und führten daran ein Großsegel, Großgaffeltoppsegel, Besahn und Stagfock, sowie an dem losen Bugspriet einen Klüver; die älteren Fahrzeuge setzten vor dem Großmast noch ein Rahtoppsegel.

7. **Kufftjalk.** (Abb. 22, 40.)

Eine Zwischenform der Kuff und Tjalk. Obwohl auf Kiel und mit aufkimmendem Boden gebaut, führten sie stets Seitenschwerter und hatten ein mehr abgerundetes Vorschiff als die Kuffen, das löffelförmige Achterschiff der Tjalk und die gleiche Besegelung wie die kleineren Kuffen. In den älteren Schiffslisten werden Kufftjalken selten aufgeführt, zuerst in einem Oldenburger Verzeichnis vom Jahre 1846. Häufiger waren sie in der hannoverschen Handelsflotte, die z. B. im Jahre 1866 17 mit Seepässen versehene und dazu im Jahre 1869 7 nur als Wattenfahrer verwendete Kufftjalken zählte. Alle gehörten nach dem Landdrosteibezirk Aurich und besaßen eine Tragfähigkeit von rund 28 bis 62 Tonnen. Dagegen hatten gleichzeitig die hannoverschen Kuffen eine Tragfähigkeit von rund 32 bis 140 Tonnen und die Schunerkuffen sogar von 72 bis 220 Tonnen. Während im Jahre 1928 bei uns noch 3 hölzerne und in Ostfriesland gebaute Kufftjalken vorhanden waren, segelt heute nur eine unter deutscher Flagge. Es ist dies die „Catharina", 1902 gebaut und zugleich das letzte Schiff des einst so bedeutenden Papenburger Holzschiffbaues. Die anderen beiden sind auf See geblieben, die eine verbrannt, die andere gesunken.

8. Galiot [Galeot, Galjot]. (Abb. 7, 32.)

Die im 18. Jahrhundert an der deutschen Küste von Emden bis Königsberg beheimateten und gebauten Galioten, holländischen Ursprungs, waren kleinere, auf Kiel und mit abgerundetem Vor- und Achterschiff gebaute Seeschiffe, mit etwas schärferer Form im Unterwasserschiff als die Kuffen. Je nach der Art der Takelung nannte man sie Galioten, Hukergalioten oder dreimastiges Galiotschiff. Die beiden ersteren hatten einen Groß- und einen Besahnmast und Gaffel- und Rahsegel, die größeren die Besegelung der damaligen großen Rahsegler. Mit diesen Galioten haben aber die des vergangenen Jahrhunderts nichts als nur den Namen gemeinsam.

In der ersten Hälfte des 19. Jahrhunderts entwickelten die Groninger Schiffbauer diesen Typ, indem sie die Form der Kuff mit der der nordamerikanischen Schuner vereinten. Gegenüber den Kuffen hatten die Galioten ein schärferes, oben mehr rundes Achterschiff, einen schärferen Verlauf der Wasserlinien im Unterwasserschiff, auch vorn, und als charakteristisches Merkmal einen vollen und überfallenden Schunerbug, meist mit richtigem Galion versehen. Anfangs nur mit leichter Reeling erhielten sie bald eine feste Verschanzung und hatten überhaupt die gefälligere Form der größeren Segler, jedoch mehr Sprung als diese bei einem mittleren Verhältnis L/B von 4,2. Wegen der Bugform nannte man solche Fahrzeuge Schunergaliot, im engeren Sinne aber nur so die als Toppsegelschuner getakelten Galioten.

Im Gegensatz zu den älteren Galioten war das Verbreitungs- und Baugebiet dieses neuen Typs in Deutschland nur die Nordseeküste, besonders das Gebiet zwischen der Ems und Weser, sowie die Eider. Das Aufkommen der Galioten geht aus folgenden Zahlen hervor: 1846 besaß die oldenburgische Flotte 16 Schunergalioten, dagegen 56 im Jahre 1866, während die Galioten in derselben Zeit von 31 auf 16 zurückgingen. In der hannoverschen Flotte gab es 1860 56 Schunergalioten und 72 Galioten, 1866 aber 98 bzw. 79. Die hannoverschen Galioten hatten im Jahre 1866 eine Tragfähigkeit von rund 34 bis 140 Tonnen und die Schunergalioten eine solche von 46 bis 220 Tonnen. 1873 waren in der deutschen Handelsflotte 121 Schunergalioten und 129 Galioten registriert, 1900 nur noch 27 bzw. 39. Heute sind die Schunergalioten bis auf eine verschwunden: „Marie" von Hamburg, welche im Jahre 1872 in Carolinensiel bei J. T. Seemann gebaut worden ist. Außer dieser sind noch 2 Eidergalioten und 9 neuere, meist an der Elbe gebaute, vorhanden. Die seit den neunziger Jahren an der Elbe gebauten Galioten sind breitere und an den Enden schärfere Schiffe und haben, weil flacher im Boden, Seitenschwerter, die auf den richtigen Galioten niemals geführt wurden; die Schiffer nennen diese Fahrzeuge deshalb oft Ever (Rundgaff-Ever).

Die älteren Galioten waren als Schunergaleasse oder als Toppsegelschuner, gelegentlich auch als Schunerbrigg getakelt, später auch als Gaffelschuner oder als Gaffelschuner mit einer Breitfock und einem Toppsegel unter dem Fockstag. Seit dem letzten Drittel des vergangenen Jahrhunderts führten die kleineren Galioten entweder am Groß- und Besahnmast eine lose Stenge oder hatten nur Pfahlmasten. Außer den beiden Gaffelsegeln, der Stagfock und mehreren Klüvern, wurde eine Breitfock und ein Großgaffeltoppsegel, gelegentlich auch ein Toppsegel unter dem Fockstag und ein Besahngaffeltoppsegel gefahren.

Galioten und Schunergalioten befuhren hauptsächlich die Nord- und Ostsee, die größeren segelten auch nach der Nordwestküste Europas, nach dem Mittelmeer und Amerika und einige wurden in der ersten Hälfte des 19. Jahrhunderts in der Grönlandfahrt verwendet.

9. Eidergaliot. (Abb. 25.)

Der enge Zusammenhang der ostfriesischen Schiffstypen mit den auf der Eider verwendeten zeigt sich nicht nur darin, daß die Galioten hier ebenfalls Eingang fanden. Sondern mehr noch in der Uebereinstimmung, daß an der Eider, wie in Nordwestdeutschland, die einzelnen Schiffsformen sehr ineinander übergehen, indem der eine Schiffbaumeister dieses, der andere jenes Formmerkmal mit benutzte, so daß oft mit Sicherheit die einzelnen Typen nicht unterschieden werden können. So laufen in Ostfriesland und Oldenburg häufig die Formenmerkmale der Kuffen und Kufftjalken, Kufftjalken und Tjalken, Tjalken und Jachten, Tjalken und Mutten durcheinander, wie an der Eider die der Galioten, Schniggen und Kuffen.

Die Eidergalioten waren völligere Schiffe als die eigentlichen Galioten, mit mehr Sprung als diese und hatten ein abgerundetes, überfallendes Vorschiff, ein kuffähnliches, volles Achterschiff und besonders hinten im Unterwasserschiff scharfe Wasserlinien. Weil nur auf niedrigem Kiel gebaut, hatten sie oft Kimmkiele und wie die Schniggen gelegentlich ein festes Galion. Schiffe dieser Gattung wurden meistens in der kleinen Küstenfahrt verwendet, weshalb ihre Abmessungen geringer als die der anderen Galioten waren. Vor allem aber hatten die Eidergalioten ein anderes Verhältnis der Länge zur Breite, und zwar im Mittel 3,6, gegen L/B 4,2 bei den ostfriesischen und oldenburgischen Galioten.

Entweder führten die Eidergalioten zwei feste Pfahlmasten und ein festes Bugspriet mit Jagerbaum, oder nur am Großmast eine lose Stenge, oder an beiden lose Stengen. Gelegentlich waren diese Segler, ebenso wie die Eiderschniggen, sehr hoch getakelt. An Segeln führten sie zwei Gaffelsegel, Stagfock, zwei bis drei Klüver und die Breitfock, am Großmast ein Großgaffeltoppsegel und früher auch ein leichtes Toppsegel unter dem Fockstag; an dem etwas niedrigen Besahnmast wurde bei einigen Galioten ebenfalls ein Gaffeltoppsegel gefahren.

Die eigentlichen Frachtsegler des Eidergebietes waren aber weniger die Galioten, sondern mehr die Schniggen. Nach der Schiffsliste von 1864 gehörten damals nach Schleswig-Holstein 119 Schniggen und 35 Galioten. Da die eigentlichen Galioten hier ebenfalls verwendet wurden, läßt sich diese Angabe für die Eidergalioten nicht verwerten. Im Jahre 1900 gab es 16, heute aber nur noch 2 Eidergalioten, von denen die jüngste im Jahre 1902 gebaut ist. Sie wurden hauptsächlich zu Nübbel und Rendsburg, gelegentlich auch in Tönning und Husum gebaut.

10. Eiderschnigge. (Abb. 8, 21.)

Schleswig-Holstein ist bei uns dasjenige Gebiet, welches in der Form seiner kleinen Frachtsegler die größten Abweichungen zeigte: An der Ostküste die scharf auf Kiel gebauten Jachten, an der Niederelbe die flachgehenden Ever und an der Eider die sehr völligen Schniggen. Fast alle Schniggen sind zu Nübbel an der Eider gebaut worden und wurden auch fast ausschließlich von der Eider aus in der kleinen Küstenfahrt verwendet. Ihren Rückgang zeigen folgende Angaben: 1864 119, 1892 51, 1914 33, 1928 3.

Ueber der Wasserlinie hatten die Schniggen eine kuffähnliche Form, ein sehr breites und oben etwas eingezogenes Vorschiff, einen ausfallenden Vorsteven mit einem Galionsknie, auch mit fester Galion, sowie ein volles, unten schärferes Achterschiff mit zwei kleinen Fenstern dicht neben dem geraden Hintersteven und ein Kajütsdeck. Sie waren etwas breitere Fahrzeuge als die Eidergalioten (L/B 3,4) und führten, weil im Boden ziemlich flach, große Seitenschwerter, hatten aber auch einen niedrigen Kiel. Als seit der Mitte des Jahrhunderts Schniggen mit etwas schärferen Formen im Unterwasserschiff gebaut wurden, segelten einige ohne Schwerter. Getakelt waren sie mit ein oder zwei festen Masten, einem Groß- und einem niedrigen Besahnmast, hatten ein langes Bugspriet mit losem Jagerbaum und die größeren auch einen Klüverbaum. Außer den beiden Gaffelsegeln führten sie große Vorsegel: Stagfock, Klüver und Jager, ein Groß- seltener ein Besahngaffeltoppsegel und eine Breitfock; letztere wurde auf den einmastigen Fahrzeugen erst in den 50er Jahren eingeführt.

Wie schon erwähnt, laufen die Bezeichnungen der Eiderfahrzeuge sehr durcheinander, denn zweimastige Schniggen wurden auch Galioten und Galioten wieder Schniggen genannt. Für die einmastigen Schniggen war die lokale Bezeichnung Eiderbulle üblich, ebenso wurden oft auch die zweimastigen Fahrzeuge und die Eidergalioten genannt; die zweimastigen Schniggen endlich hatten den Namen Besahnbullen.

11. Bojer. (Abb. 19.)

Dithmarschener Torfbojer mit umlegbaren Masten, die aus dem Amt Rendsburg Brennholz und Torf nach Eiderstedt bringen, werden schon Ende des 18. Jahrhunderts erwähnt. Sie wurden auf der Eider und ihren Nebenflüssen hauptsächlich zum Transport landwirtschaftlicher Erzeugnisse benutzt und machten gelegentlich auch Fahrten im Wattenmeer und nach der Elbe. Die Bojer gehören zur Gruppe der Tjalken, sind aber noch schmaler und niedriger und mit sehr flachem Sprung und auf niedrigem Kiel gebaut. Mit den alten Bojern oder den unter den Namen Boeier bekannten holländischen Fischerfahrzeugen haben sie nur den Namen gemeinsam. Vorn und hinten sind sie mit sehr gekrümmten Spanten versehen, haben einen gebogenen Vorsteven, einen senkrechten Achtersteven und geradere Seiten als die Schniggen, niedrige Reeling und eine große Luke, keinen Ruderkopf und abnehmbare Seitenschwerter. An dem zum Niederlegen eingerichteten Pfahlmast wurde ein Gaffelsegel und eine Stagfock gefahren. In den Schiffslisten werden sie erst in späterer Zeit gelegentlich verzeichnet, z. B. führten im Jahre 1873 12 in den Jahren 1836 bis 1857 gebaute Bojer ein Unterscheidungssignal und hatten eine Tragfähigkeit von 12 bis 17 Tonnen. Jetzt sind die früher viel verwendeten Bojer, im Volksmunde „Slüsenkrüper" (Schleusenkriecher) genannt, verschwunden.

12. Ostfriesische Jacht.

An Stelle der Mutten wurden vereinzelt in Ostfriesland Jachten gebaut und verwendet, die ursprünglich aus Nordholland stammen. Sie gehören ebenfalls zu der Gruppe der Tjalken, hatten eine zierliche Form und unterscheiden sich von den Tjalken durch den schwach gerundeten, mit einem niedrigen Kiel versehenen und viel schmaleren Boden, sowie durch die mehr gebogenen Berghölzer. Die Jachten hatten ebenfalls Seitenschwerter und die gleiche Besegelung wie die Tjalken. In den Schiffslisten werden sie selten erwähnt. So gehörten z. B. im Jahre 1869 nach dem Landdrosteibezirk Aurich 7 Jachten, mit einer Tragfähigkeit von 12 bis 30 Tonnen. Ihrer großen Aehnlichkeit halber werden sie meistens als Tjalk registriert. Ein solches „Jachtschiff" war die vor einigen Jahren abgewrackte „Hilkea" von Greetsiel, die dort im Jahre 1885 bei R. G. Folkerts gebaut wurde.

13. Lühejolle.

Die früher sehr bedeutende Kleinschiffahrt des Alten Landes ist unmittelbar aus der großen Obstkultur dieser hannoverschen Elbmarsch hervorgegangen. Der Altländer hielt es für vorteilhaft, den Versand und Verkauf seiner Aepfel, Birnen, Pflaumen, Kirschen usw. selbst vorzunehmen. Er lernte daher kleine und schnellsegelnde Fahrzeuge zu bauen, und diese waren zuerst die Lühejollen, später die Lühe-Ever. Ihren Namen hatten sie daher, weil sie meistens an der Lühe, besonders in Grünendeich, Mittelnkirchen und Hohenfelde, einige aber auch in Buxtehude, Borstel und Stade gebaut wurden.

Sie sind sicher eine alte Schiffsform und werden am Ende des 18. Jahrhunderts gelegentlich in der lokalen Literatur erwähnt. Die erste niederelbische Schiffsliste vom Jahre 1846 verzeichnet im Alten Lande 25 Jollen. 1866 waren in der hannoverschen Seeschiffsflotte 18 eingetragen, die eine Tragfähigkeit von 10 bis 26 Tonnen hatten, sowie außerdem (1869) 46 als Küsten- und Wattenfahrer. Hierbei sind aber die zahlreichen und nur auf der Elbe verwendeten Jollen nicht mitgezählt. Gegenwärtig sind nur noch wenige vorhanden. In dem vergangenen Jahre sah ich davon in Hamburg noch zwei; sie hatten keinen Mast mehr, dafür aber einen Motor.

Die prallig rund gebauten Lühejollen gehören mit zu den schönsten und kleinsten deutschen Segelschiffsformen. Sie wurden stets sehr sorgfältig gebaut und unterhalten, hatten bemalte Klüsbacken, (z. B. jederseits der Ankerklüse einen Kirschzweig), einen geschnitzten und farbigen Ruderkopf und farbige Ruderbacken. Vorn und hinten abgerundete und unter der Wasserlinie ziemlich scharfe, auf Kiel gebaute Fahrzeuge, mit einem gekrümmten Vorsteven und meist mit einem festen Deck, schieden sie sich in zwei Arten, die größeren Seejollen und die kleineren, nur auf der Elbe verwendeten Kirschenjollen. Die Seejollen dehnten ihre Fahrten bis Holland, England und der Ostsee aus und hatten einen festen Mast und ein Bugspriet. Ihre Besegelung bestand aus einem Gaffelsegel, der Stagfock, einem Klüver und vor dem Mast wurde ein kleines Toppsegel gesetzt. Als Beispiel einer solchen Jolle kann die im Jahre 1862 bei Heinr. Rathjens in Hohenfelde gebaute „Elisabeth" dienen, welche folgende Abmessungen hatte: 11,82 Meter mal 4,18 Meter mal 1,47 Meter, bei 16 Br.-R.-To. Die Kirschenjollen hatten einen zum Niederlegen eingerichteten Mast mit einem Schootsegel, d. h. ein Gaffelsegel ohne Großbaum und eine Stagfock.

14. Rundgatt-Ever.

Seit den 90er Jahren wurden auf einigen Werften an der Niederelbe vereinzelt everartige, aber Rundgatt-Fahrzeuge gebaut. Im Unterwasserschiff hatten sie vorn und hinten eine schärfere Form als die Ever, einen aufkimmenden Boden und einen niedrigen Kiel, weshalb die Seitenschwerter beibehalten wurden. Die kleinsten und als Giek-Ever getakelten Fahrzeuge stammten von der Werft von J. & H. Gehlsen in Glückstadt her und wurden an Stelle der aussterbenden Rhin-Ever benutzt. Die größeren und zweimastigen Fahrzeuge wurden bei J. Peters in Wewelsfleth und bei D. Ropers in Stade gebaut. Einige, z. T. mehr galiotähnliche Fahrzeuge der Peters'schen Werft fahren heute unter dem Namen Galiot; sonst werden diese Segler an der Elbe Rundgatt-Ever, oder kurz Ever genannt.

IV. Flachbodige Fahrzeuge mit runder Kimm.

Von den in Deutschland verwendeten Frachtseglern gehören nur die Tjalken und Mutten hierher. Sie haben eine sehr völlige

Form, ein abgerundetes Vor- und Achterschiff und starken Sprung. Der Boden ist flach und ohne Sprung, mit runder Kimm und hat oft eine stärkere Kielplanke, selten einen niedrigen Kiel. Die beiden Steven springen unten vor und werden Nas- und Kielholz genannt. Das Ruder ist am Hintersteven befestigt und die Ruderpinne fährt frei über das Achterschiff, auch haben sie umlegbare Masten und stets Seitenschwerter.

15. Tjalk. (Abb. 9, 26.)

Die Ursprungsformen der deutschen Tjalken sind die friesischen Hecktjalken, hauptsächlich aber die mehr geraden Groninger Tjalken. Ihr Verbreitungsgebiet war das Gebiet zwischen der Ems und dem Jadebusen. An der Weser und Elbe, sowie an der deutschen Ostseeküste waren sie sehr selten beheimatet. Ueber ihre Anzahl um die Mitte des vergangenen Jahrhunderts sind wir durch die schon oft erwähnten oldenburgischen und hannoverschen Schiffsverzeichnisse unterrichtet. Unter den Oldenburger Schiffen befanden sich im Jahre 1846 31 und im Jahre 1866 25 kleine Tjalken; in der hannoverschen Seeschiffsflotte waren 1866 21 Tjalken von 26 bis 60 Tonnen Tragfähigkeit vorhanden, zu denen noch 71 (1869) als Wattenfahrer kommen. Im Jahre 1900 sind noch 83 Tjalken mit einem Unterscheidungssignal eingetragen gewesen, gegenwärtig nur 36, von denen die letzte im Jahre 1910 gebaut ist.

Die deutschen Tjalken wurden hauptsächlich in Ostfriesland und Oldenburg gebaut, dort besonders in Emden, Jhlowerfehn, Rorichsmoor, Warsingsfehn, Westrhauderfehn und auf den kleinen oldenburgischen Werften in Bollingen, Edewecht und Norbloh. Sie hatten gewöhnlich eine Länge von 15 bis 20 Meter, bei einem Raumgehalt von unter 50 Br.-R.-To und waren, ihres geringen Tiefganges wegen, sehr geeignet für die nordwestdeutsche Binnen- und Wattenfahrt, während zur Fahrt nach der Ostsee nur die größeren Verwendung fanden. Dagegen besaßen die, in der zweiten Hälfte des 19. Jahrhunderts bei uns viel verwendeten Groninger Tjalken größere Abmessungen, meistens eine Länge von 21 bis 24 Meter. Das charakteristische Merkmal der Tjalken ist das völlige, unten eingezogene Vorschiff, mit einem großen, gebogenen Vorsteven, das volle löffelförmige Hinterschiff, welches oft mehr Sprung als vorn zeigt, das auffallend starke Bergholz mit darüber eingezogenen Seiten, der breite und flache Boden, sowie die im Verhältnis zur Länge geringe Breite, im Mittel L/B 4,0. Nur die größeren Tjalken hatten ein Quarterdeck und ein kleines Deckhaus, alle aber eine sehr große Luke. Gelegentlich sind auch Hecktjalken bei uns verwendet worden, deren wesentlichstes Kennzeichen darin bestand, daß die beiden obersten Seitenplanken hinten ziemlich schräg aufwärts zusammen laufen, so daß die Ruderpinne unter ihnen durchfährt.

Unsere Tjalken hatten meistens einen zum Niederlegen eingerichteten Pfahlmast, etwa auf ein Drittel der Schiffslänge von vorn stehend. An diesem wurde das charakteristische Tjalksegel gefahren, d. h. ein verhältnismäßig niedriges Gaffelsegel, mit einem auffallend langen Großbaum und kurzer, auf den holländischen Tjalken oft krummer, Gaffel. Außerdem führten sie eine Stagfock und an dem meist losen Bugspriet, selten mit Klüverbaum, Klüver und Jager. Die Tjalken der älteren Zeit setzten vor dem Mast ein kleines Toppsegel, an dessen Stelle später eine Breitfock und ein Gaffeltoppsegel trat. Mit einem kleinen Besahnmast getakelte Tjalken waren selten und solche wurden in Groningen „Zeetjalk" genannt.

16. Mutte.

Die eigentlichen Segelschiffe des Emsgebietes waren die Mutten, eine kleinere Art der deutschen Tjalken; sie werden schon am Ende des 18. Jahrhunderts erwähnt. Vorwiegend fanden die kleineren Mutten, mit einer mittleren Tragfähigkeit von 15 bis 30 Tonnen, als Torftransportschiffe von den ostfriesischen und oldenburgischen Fehnen aus Verwendung; dagegen segelten die größeren auch als Frachtfahrer bis zur Weser und Elbe. Ihre gebräuchlichsten Abmessungen waren: 15,0 bis 16,0 Meter L, 4,0 bis 4,5 Meter B, bei einer Seitenhöhe von 1,3 bis 1,6 Meter. Gebaut wurden sie nur in Ostfriesland und Oldenburg, besonders auf den Werften im oldenburgischen Emsrevier. Allein in den Jahren 1856 bis 1865 liefen dort 157 Mutten, meistens für ostfriesische Rechnung, vom Stapel. 1873 waren 76 Mutten in der deutschen Seeschiffsflotte verzeichnet, heute aber sind sie in den Seeschiffsregistern, bis auf vier, nicht mehr eingetragen, weil sie zu Seereisen kaum noch verwendet werden.

Von den Tjalken unterscheiden sie sich durch die mehr abgerundete Form des Vor= und Achterschiffes, haben nur ein schwach hervortretendes Bergholz, kein Quarterdeck und besitzen Klüsbacken wie die Ever; ferner hatten sie Seitenschwerter, eine sehr lange und breite Luke und früher, wie die Tjalken, jederseits ein kleines Fenster neben dem Ruder. Getakelt waren sie mit einem umlegbaren Mast, mit einem großen Gaffelsegel, Gaffeltoppsegel und eine Stagfock. Die größeren Mutten, welche ein Bugspriet und Quarterdeck hatten, unterscheiden sich nicht wesentlich von der Tjalk, weshalb sie oft Mutt=Tjalk, oder einfach Tjalk genannt wurden. Neben den eigentlichen Mutten gab es noch sogenannte Halbe= oder Spitz=Mutten, die ihrer Form wegen aber zu den Segelschiffen der nächsten Gruppe gehören.

V. Flachbodige Fahrzeuge mit kantiger Kimm.

Das allgemeine Merkmal der zu dieser Gruppe gehörenden Schiffe ist eine schräg oder senkrecht gegen den flachen Boden angesetzte Kimmplanke. Alle sind an den Flüssen im Küstengebiet der Nordsee entwickelt worden, zeigen aber sonst in ihrer Form und den Abmessungen die Eigenschaften der seegehenden Schiffe. Teils haben sie gerade, teils gekrümmte und oft stark überhängende Vorsteven und sind entweder Spitzgatt, wie die älteren Ever, die Segelschuten und Spitzmutten, oder Plattgatt (mit einem Spiegel), wie die neueren Ever, Weserkähne und Störprahme. An den Enden sind es mittelscharfe Schiffe, alle sind mit Sprung, mit Sprung auch im Boden, gebaut und hatten nur hinten eine Art Kiel, Streek genannt, einige Ever hatten auch Kimmkiele, außerdem führten alle Seitenschwerter. Das überhängende Ruder ist mit einem Ruderkopf geziert und wird mit einer langen Ruderpinne gesteuert, die Masten sind zum Niederlegen eingerichtet und nur bei einigen Evertypen und den Weserkähnen feststehend. Die den Abschluß bildenden Emspünten und kurischen Kähne, gehören eigentlich zu den Binnenschiffen, sind aber deshalb hier aufgenommen worden, weil sie gelegentlich auch zu kurzen Seereisen verwendet wurden.

17. Ever. (Abb. 10, 11, 24, 28, 30, 43, 44.)

Der am meisten zu Variationen neigende Typ des kleinen deutschen Frachtseglers waren die Ever der Niederelbe. Seit dem Jahre 1299, in welchem sie zuerst als Elbschiffe erwähnt werden, läßt sich ihre vielseitige Verwendung bis auf die Gegenwart ununterbrochen verfolgen. Die Entwicklung des Handels und Verkehrs, sowie des Bodenanbaues an der Niederelbe, die Veränderungen im Fahrwasser der Elbe, die bauliche Entwicklung des Hamburger Hafens u. a. m. spiegelt sich in der Geschichte der Ever wieder. Bei durchaus alter Form haben sie im Laufe der Jahrhunderte im einzelnen natürlich manche Umbildungen erfahren. Doch soll an dieser Stelle nur ihre Entwicklung etwa vom Jahre 1800 ab behandelt werden. Wenige, aber aus verschiedenen Ursachen recht unvollständige Zahlen mögen die Bedeutung der Ever in dem vergangenen Jahrhundert kennzeichnen. Als Seeschiffe waren im Jahre 1847 in Holstein 183 und in Hannover 195 registriert. Dabei sind die nur in der Elbfahrt verwendeten Ever nicht mitgezählt; denn nach einer amtlichen Angabe waren in dem darauffolgenden Jahre allein in Holstein 495 vorhanden. Vollständige Angaben über ihren Bestand liegen auch seit Bestehen der Reichsstatistik nicht vor, weil nur Schiffe, die ein Unterscheidungssignal führen, verzeichnet werden. Hiernach gehörten zu der deutschen Seeschiffsflotte: 1870 235, 1888 545, 1908 560, 1928 130 Ever. Ihr Hauptverbreitungsgebiet waren die Elbmarschen, doch sind sie auch auf der Oberelbe bis Lauenburg und auf der Ilmenau bis Lüneburg vorgedrungen, während im Norden die Eider und die nordfriesischen Inseln ihre Verbreitungsgrenze bilden. An der Weser und darüber hinaus in Nordwestdeutschland, sowie an der Ostseeküste sind die Ever selten heimisch geworden, obwohl sie ihre Fahrten nicht nur bis dorthin, sondern in dem vergangenen Jahrhundert auch bis Norwegen, Holland, England, ja vereinzelt selbst bis Italien ausdehnten. Heute werden sie nur noch auf der Elbe und zu kleinen Fahrten an der deutschen Küste bis Dänemark und Südschweden benutzt.

Gebaut wurden die Ever ausschließlich auf den kleinen Werften an der Niederelbe, von denen einige und noch heute vorhandene hier erwähnt seien: Krämer in Elmshorn, seit 1827; Sietas in Grünendeich, seit 1834; Sietas in Cranz, seit 1834; Jacobs in Moorrege, seit 1855; Ropers in Stade, seit 1860. Von den älteren Werften ist dann besonders die Junge'sche Werft in Wewelsfleth zu erwähnen, die von 1862 bis nach dem Kriege in Betrieb war. Von dieser Werft sind noch heute ungewöhnlich viele und sorgfältige Zeichnungen und Halbmodelle von Elbsegelschiffen vorhanden, die meistens von dem letzten Werftinhaber, dem Schiffbaumeister G. Junge angefertigt worden sind und die als eine sehr wertvolle Quelle zur Geschichte des deutschen Schiffbaues Museumsbesitz werden sollten.

Die älteren Elb-Ever hatten ein langes, hochgezogenes und völliges, unten aber ziemlich scharfes Vorschiff, ein völliges Oberwasserschiff und bei flacher Spantform hinten ein scharfes Achterschiff, einen gekrümmten Vorsteven und einen geraden, nach hinten geneigten Achtersteven, sowie den charakteristischen, senkrecht beplankten Spiegel. Letzterer wurde seit dem 18. Jahrhundert üblich, indessen die ältere Spitzgatt-Form nur noch für die kleineren Typen Anwendung fand. Der große Spiegel bot Platz für Verzierungen und trug ein farbiges Namensband, farbige Einfassung und Heckfenster, teils richtige, teils mit einer Umrahmung aufgesetzte und darunter gemalte, wobei auch die Gardinen nicht vergessen wurden. Seit der Mitte des 19. Jahrhunderts werden weniger gekrümmte Vorsteven und vorn, gelegentlich auch hinten, vollere Formen eingeführt, der Sprung im Vorschiff wird mäßiger und endlich der Vorsteven auch fast gerade aber überhängend gebaut. Der Vorsteven der eigentlichen Elb-Ever sowie der See-Ever trug gelegentlich ein kleines, verziertes Galion, oder ein Galionsknie. Von ihrer sonstigen Bauart ist hervorzuheben, daß sie einen ungewöhnlich starken (4 bis 5 Zoll) Föhrenholz-Boden (bei gleichgroßen Tjalken 2 bis 3 Zoll stark) und sehr selten eine volle Wegerung wie die anderen Segler hatten. Die Seiten der älteren Ever waren im Unterschiff sehr eingezogen und der unterste Seitengang, Kahnplanke genannt, wurde senkrecht gegen den Boden anstoßend befestigt; seit der zweiten Hälfte des vergangenen Jahrhunderts wurden die nach dem Boden zu mehr abgerundeten Spanten üblich und die Kahnplanke seitdem schräg gegen Boden und Spanten verbolzt. Die eigentlichen Ever hatten ein festes Deck, ein kurzes Quarterdeck (Kajütsdeck, Hochdeck), eine sehr große Luke und nur vorn eine feste Verschanzung (Festebug) mit Notreeling (Bugspier), sonst eine leichte Reeling (Setzbord, Verbostel) ringsum und an dem Quarterdeck oft eine offene. Die früher verwendeten und fast ohne Sprung gebauten Dollbaum-Ever hatten nur vorn und hinten ein festes Deck; ihr Laderaum wurde mit auf dem Dollbaum aufliegenden Lukendeckeln geschlossen.

Am Ende des 18. Jahrhunderts war die Takelung der Ever sehr einfach und bestand aus einem umlegbaren Mast, an welchem ein Rah-, Spriet- oder ein Gaffelsegel, sowie eine Stagfock gefahren wurde. Nach der Art ihrer Besegelung wurden sie unterschieden als Rah- oder Pfahl-Ever, Spriet-Ever und Giek-Ever. Letztere, sowie auch die später auftretenden Besahn-Ever, haben die beiden ersten Takelungsarten allmählich verdrängt. Im Anfang des 19. Jahrhunderts erscheint dann der Kniep-Ever, der seitlich am Ruder befestigt einen kleinen Mast mit einem Rah- oder Sprietsegel hatte. Dadurch sollten dem Ever mehr Hintersegel gegeben werden, um ein leichteres Wenden in schmalem Fahrwasser zu ermöglichen; ihr Großmast hatte entweder ein Rah-, Spriet- oder Gaffelsegel. Nach 1800 endlich erhielten alle größeren Ever ein Bugspriet mit einem Klüver. Seit den zwanziger Jahren werden die zweimastigen Ever eingeführt, die man Besahn-Ever nannte. Sie hatten feste Masten mit einem Knickstag, einen Großmast, oft mit fester Stenge, und einen etwas niedrigeren, leichteren und weit hinten stehenden Besahnmast. Für die seegehenden Giek- und Besahn-Ever wurde in dieser Zeit die Besegelung vermehrt, indem eine Breitfock, ein leichtes Rahtoppsegel vor dem Mast und ein Jager, an einem losen Jagerbaum, Anwendung fanden. An Stelle des Rahtoppsegels wird um die Mitte des Jahrhunderts ein Großgaffeltoppsegel und erst später ein Besahngaffeltoppsegel gefahren. Um 1880 entstand ein neuer Besahn-Ever-Typ, der einen sehr kurzen Besahnmast hatte und der von den Fischer-Evern entlehnt worden ist. Man nannte deshalb den kleineren Fischerbesahn, den älteren und größeren Everbesahn. Ever mit einem hohen Besahnmast sind seitdem weiter gebräuchlich geblieben, doch haben fast alle, der neuere Typ immer, umlegbare Masten erhalten; der Großmast wird nach hinten, der Besahnmast nach vorn umgelegt. Als die Ever allmählich aus der Seefahrt zurückgezogen wurden und kleinere Abmessungen erhielten — die zur Zeit noch vorhandenen sind bis auf einen unter 50 Br.-R.-To. groß — wurde ihre Besegelung verkleinert. Die Breitfock und das feste Vorgeschirr, oft mit Stampfstock, und die oft verwendeten losen Stengen verschwanden; beibehalten wurde das lose Bugspriet, jedoch segeln die Ever meist auch ohne dieses.

Von den vielen Arten der Ever können hier nur einige erwähnt werden, zuerst die nur in der Umgebung von Hamburg verwendeten Vierlander-, Milch- und Stroh-Ever, von denen viele außerordentlich schöne Formen aufweisen.

Mit den Vierlander Evern wurden die Erzeugnisse jenes fruchtbaren Landes (Gemüse, Obst, Blumen) nach Hamburg zum Verkauf gebracht. Es waren flachgehende und nur vorn und hinten gedeckte, sehr gut segelnde Fahrzeuge mit schmalen Seitenschwertern, sie hatten ein hohes, langes Vorschiff, einen gekrümmten Vorsteven und waren spitzgatt gebaut. An dem lehnenden und umlegbaren Mast wurde eine Stagfock und ein Sprietsegel, später meistens ein rot gelohtes Schootsegel, d. h. ein kleines Gaffelsegel ohne Baum, gefahren. Ihre Abmessungen betrugen 12 bis 16 Meter L, 4 bis 5 Meter B und 1 bis 1,50 Meter T. Seit einigen Jahren werden nur noch größere Motor-Ever verwendet, die eine Tragfähigkeit bis zu 50 Tonnen haben und keine Segel mehr führen.

Die früher zahlreichen und hauptsächlich auf den kleinen Elbinseln am Köhlbrand, z. B. in Altenwerder, sowie in Moorburg und Lauenbruch, aber auch an der Alster beheimateten Milch-Ever, lieferten nach Hamburg neben Feldfrüchten hauptsächlich Milch und beförderten auch Passagiere. Von ähnlicher Form als die Vierlander-Ever, meistens aber kleiner und ganz offen, führten sie in der ersten Hälfte des vergangenen Jahrhunderts ein Rahsegel, später ebenfalls ein Schootsegel. Sie sind jetzt fast verschwunden.

Stroh-Ever wurden von der Oberelbe aus zur Fahrt nach

Hamburg, Altona und Harburg benutzt. Es sind ziemlich große, nur vorn und hinten gedeckte Fahrzeuge, die ein schöngeformtes Vorschiff mit gebogenem Vorsteven haben. Sie sind in der Form dem in Abb. 24 dargestellten Ever sehr ähnlich, haben jedoch einen anderen Spiegel. Der Achtersteven ist stark nach hinten überfallend gebaut und ihr Spiegel weist in der Mitte einen wagerechten Knick auf. Auch diese Ever fahren heute ohne Mast und Segel und haben dafür einen Motor erhalten. Der Ever „Maria" von Altona, welchen ich noch im Jahre 1928 gesehen habe, ist zu Fliegenberg im Jahre 1890 gebaut und hat eine Länge von 19,96 Meter, eine Breite von 5,16 Meter, bei einer Tragfähigkeit von 52 Tonnen.

Zu den niederelbischen Evern gehören die Lühe-, Rhin-, Torf-, Stein- und Lägerdorfer Ever. Gelegentlich der Beschreibung der Lühejollen wurde erwähnt, daß man an Stelle der Jollen auch Lühe-Ever für den Obsttransport des Alten Landes verwendete. Sie unterscheiden sich von den Elb-Evern durch eine geringere Länge bei gleicher Breite, sind im Unterschiff schärfer gebaut und haben einen fast geraden nach außen geneigten Vorsteven und stets hübsch verzierte Klüsbacken, oft auch mit Bildhauerarbeit geschmückte Heckfenster. Die immer als Giek-Ever getakelten Fahrzeuge werden seit Jahren nicht mehr gebaut und als Beispiel kann der im Jahre 1873 in Grünendeich bei Sietas gezimmerte Lühe-Ever „Ceres" dienen: 12,38 Meter L, 4,60 Meter B, 1,26 Meter T, bei einem Raumgehalt von 18 Br.-R.-To.

In der Umgebung von Glückstadt, wo der Feldgemüsebau sehr gepflegt wird, gehörten die Rhin-Ever nach Hause, die auch Glückstädter- oder Kohl-Ever genannt wurden. Rhin-Ever waren schmale und flachgehende, an den Enden ziemlich scharfe Fahrzeuge mit einem gekrümmten Vorsteven und Spiegel, hatten ein festes Deck, wie auch die Lühe-Ever und zeigten eine bunte Bemalung; für die Klüsbacken war als Muster eine Kartoffelblüte üblich. Sie sind als Giek-Ever mit umlegbarem Mast getakelt gewesen, waren gute Segler und hatten folgende Abmessungen: 14 bis 15 Meter L, 3,50 bis 4,00 Meter B und 1,20 bis 1,30 Meter T, bei einer Tragfähigkeit von 20 bis 30 Tonnen. Heute sind die Rhin-Ever fast alle verschwunden.

Die drei anderen Typen unterscheiden sich von den eigentlichen Elb-Evern nur durch die Abmessungen. In Holstein waren die Torf-Ever hauptsächlich an der Pinnau und Krückau beheimatet, zuerst spitzgatte, dann plattgatte, flachgehende und breite und als Giek-Ever getakelte kleine Fahrzeuge. An der Este gab es ähnliche, oft mit einem Sprietsegel versehene Fahrzeuge. Mit dem Rückgang des Torfverbrauches in den Haushaltungen und durch das Bestreben, tragfähigere Schiffe zu besitzen, sind diese Ever seit Jahren verschwunden. Die hannoverschen Ever, welche von der Oste den Torf nach Hamburg brachten, gehörten zu den größten Elb-Evern mit einer Tragfähigkeit von 30 bis 40 Tonnen und darüber, während die holsteinischen im Mittel eine solche von 10 bis 20 Tonnen hatten. Die Oste-Ever hatten auch gewöhnlich zwei Masten und eine besonders hohe Takelung.

Ebenfalls fast ausgestorben sind die Ever, welche für den Steintransport, hauptsächlich aus dem tonhaltigen Land Kehdingen, bestimmt waren. Stein-Ever waren sehr stark gebaute, breite und gegenüber den eigentlichen Elb-Evern kürzere Fahrzeuge mit zwei festen Masten, also Besahn-Ever, die besonders nach dem großen Brand von Hamburg zahlreich gebaut wurden. Als sie in späterer Zeit auch die Alster befuhren, erhielten sie wegen der Schleusen und Brücken umlegbare Masten und eine geringere Breite.

Seit der zweiten Hälfte des vergangenen Jahrhunderts entwickelte sich in Lägerdorf, in der Nähe von Itzehoe, eine bedeutende Zement- und Kreideindustrie, für die in den Jahren 1875—77 der Breitenburger Schiffahrtskanal angelegt wurde. Weil die Abmessungen des Kanals nur gering sind, konnte er nur von den kleineren Evern befahren werden, und damit wurde ein neuer, viel gebauter Typ hervorgerufen. Von dem Grafen von Rantzau, dem der Schiffahrtsweg gehört, sind als größte Abmessungen für die Ever vorgeschrieben: Decklänge 17 Meter, Bodenlänge 15,40 Meter, größte Breite 4,20, Tiefgang 1,45. Zur Zeit befahren etwa 110 Schiffer mit ihren eisernen Evern, Segelschuten und Tjalken den Kanal, darunter befinden sich nur noch zwei hölzerne Ever. Außer diesen sind noch 30 Segler für den Tontransport zugelassen, unter denen auch drei kleine spitzgatt gebaute, gedeckte Ever, mit sehr niedriger Giek-Ever Takelung.

In der Form unterscheiden sich die als Giek- oder Besahn-Ever getakelten und sogenannten Lägerdorfer Ever nicht wesentlich von den anderen Evern.

Die hauptsächlich in der Nord- und Ostseeküstenschiffahrt verwendeten Ever wurden Galeaß-Ever und Ostsee-Ever genannt. Die Galeaß-Ever entstanden im Anfang des vergangenen Jahrhunderts an der Elbe, und gaben vielleicht die Anregung zu der Einführung der Besahn-Ever. Bei richtiger Everform hatten sie die Takelung der damaligen Galeassen, also mit festen Rahsegeln an dem Großmast. Dann aber, etwa seit 1830, geht die Entwicklung der größeren Ever — größer meist nach der Breite und Raumtiefe — nach zwei verschiedenen Richtungen vor sich. Die einen behielten die Everform bei, nur hatten sie ein volleres Oberwasserschiff, unten eine schärfere Form, Seitenschwerter und entweder die Takelung der älteren Besahn-Ever mit festen Masten, oder die der jüngeren Galeassen, mit losen Stengen an beiden Masten. Solche Segler nannte man wegen ihrer Rumpfform See-Ever, Ostsee-Ever und wegen ihrer Takelung auch Galeaß-Ever. Der andere Typ erhielt die Rumpfform der Galeassen, mit dem halben Spiegel, einen flachen Boden mit steiler Kahnplanke, entweder mit oder ohne Seitenschwerter und wurde Galeaß-Ever, auch Ever-Galeasse genannt. Später erhielten sie gelegentlich ein plattes oder halbrundes Heck, Kimmkiele, gelegentlich einen Loskiel und segelten dann ohne die Seitenschwerter. Ihre Takelung war die der Galeassen, entweder mit oder ohne Rahsegel, oder auch nur die Besahn-Ever-Takelung; Ever mit Rahsegeln gab es noch in den achtziger Jahren.

Ostsee- und Galeaß-Ever segelten in der Ostsee bis Rußland, in der Nordsee bis Norwegen und England, die Blankeneser Galeaß-Ever auch als Fruchtfahrer nach dem Mittelmeer. Einige der Blankeneser Ever machten sogar Küstenfahrten im Mittelmeer, so z. B. der im Jahre 1862 bei C. Wriede in Finkenwärder gebaute Galeaß-Ever „Louise", der in den siebziger Jahren in Syra (Griechenland) beheimatet war und diese Abmessungen hatte: L 16,21 Meter, B 6,10 Meter, Tiefe 2,60 Meter.

In den Schiffsverzeichnissen werden die Galeaß-Ever nicht immer von den eigentlichen Evern unterschieden, so daß die folgenden Angaben nur einen bedingten Wert haben: Holstein 1864 12, Hannover 1866 33 mit einer Tragfähigkeit von 40 bis 120 Tonnen. In der deutschen Handelsmarine sollen in den Jahren 1870 bis 1928 vorhanden gewesen sein: 1870 28, 1888 25, 1908 7, 1928 2. Von diesen beiden wird der Galeaß-Ever „Hinrich", gebaut im Jahre 1901 zu Oberndorf und 55 Br.-R.-To. groß — der damit unser größter hölzerner Ever ist — in der kleinen Küstenfahrt, und der andere „Taube", 1898 zu Burg in Dithm. gebaut und 36 Br.-R.-To. groß, nur zu Fahrten an der Westküste von Schleswig-Holstein verwendet. Ebenso sind die als See-Ever verwendeten Fahrzeuge nach und nach verloren gegangen oder abgewrackt worden. Einen der letzten sah ich noch in dem vergangenen Jahre im Hafen von Borstel im Alten Lande. Es war der Ever „Amazone", der im Jahre 1878 auf der alten Schedelgarn'schen Werft in Uetersen gebaut worden ist und nur einen Raumgehalt von 34 Br.-R.-To. hat; dieses Schiff ist mehrfach in der Englandfahrt beschäftigt gewesen.

Von den jetzt verschwundenen Evertypen mögen noch folgende Erwähnung finden. Den regelmäßigen Fährverkehr auf der Niederelbe vermittelten vor dem Auftreten der Dampfschiffe die Fähr-Ever verschiedener Städte, von denen die bekanntesten die Harburger Ever waren, etwa 17 Meter lange und ungedeckte Fahrzeuge mit einem Rahsegel. Nach den nordfriesischen Inseln gehörten die Watten-Ever, die neben den in der Seefischerei verwendeten Rah-Evern von Blankenese und Finkenwärder unsere kleinsten seegehenden Ever gewesen sind. Die gewöhnlich als Giek-Ever getakelten Watten-Ever hatten wegen der seichten Priele einen geringen Tiefgang, große Breite und ein völliges, hochgezogenes Vorschiff. An der Ems und Weser wurden vereinzelt, in der Zeit von 1850 bis 1870, Galiot-Ever gebaut, große See-Ever, galiotähnlich aber mit dem flachen Boden der Ever.

18. Segelschute.

Eine in den hannoverschen Elbmarschen, besonders in dem Alten Lande und Kehdingen früher gebräuchliche Schiffsform, die sich vom Ever hauptsächlich durch die Form des Vor- und

Achterschiffes unterscheidet. Die Segelschuten haben entweder fast lotrechte oder etwas ausfallende, gerade Steven, sind vorn und hinten spitz, mit festem Deck und schwachem Sprung und ohne Quarterdeck gebaut, daher auch hinten mit einer Notreeling versehen. Getakelt waren sie mit einem oder zwei umlegbaren Masten, wie die Ever, und führten große Seitenschwerter. Sie werden seit Jahren nicht mehr gebaut, gehören zu den Wattschiffen und sind deshalb meistens nur in ein Binnenschiffsregister eingetragen, und wenn in einem Seeschiffsregister, gewöhnlich als Ever registriert. In der Größe kommen sie mit den Elb=Evern überein, haben wie diese Klüsbacken und Ruderkopf und ebenfalls nur Kimm= und Balkweger sowie Bodenwegerung. Während des Krieges sah ich eine Besahnschute im Kieler Hafen und vor einiger Zeit zwei andere im Hamburger Hafen, die als Obstlagerschiffe verwendet wurden, beide ohne Masten.

19. Störprahm. (Abb. 12.)

Die hannoverschen Segelschuten, welche vereinzelt an der Niederelbe auch in Holstein gebaut und verwendet wurden, nannte man hier gelegentlich Prahm. Beide stammen aus der Zeit, in welcher die Ever ebenfalls noch spitzgatt gebaut wurden und besitzen große Aehnlichkeit mit dem Meppelnschen Prahm (Groningen), von dem ihre Form offenbar entlehnt ist. Die größten Prahme wurden von Itzehoe aus auf der Stör verwendet und dienten als Getreide= und Holztransportschiffe nach Hamburg, weshalb sie stark gebaut waren und als Zeichen der Akzisefreiheit auf der Stör ein stark hervortretendes Bergholz hatten. Einige Störprahme segelten in der ersten Hälfte des 19. Jahrhunderts bis nach Holland. Itzehoe besaß von diesen Fahrzeugen im Jahre 1771 18, 1855 24 und 1864 noch 3. Als das Störstapelrecht dieser Stadt aufgehoben wurde, benötigte man die Prahme nicht mehr und an ihre Stelle traten die Ever.

Diese Störprahme waren von der Dollbaum=Bauart, d. h. sie hatten nur vorn und hinten ein festes Deck, ohne Quarterdeck und über dem Laderaum eine große und hohe Luke. Ursprünglich vorn und hinten ziemlich spitz gebaut, erhielten sie schon im 18. Jahrhundert den Spiegel der Ever. Wie bei den älteren Evern war auch ihr Rumpf kantig gebaut, der Spiegel kantig, auch besaßen sie wie diese Klüsbacken, Heckfenster und einen Ruderkopf, doch hatten die Prahme einen viel geringeren Sprung. Der fast gerade Vorsteven war schwach nach außen geneigt, nicht stark gekrümmt wie bei den Evern, oder mit anderen Worten, die Prahme hatten im Boden fast dieselbe Länge wie über Deck. Ihre einfache Takelung bestand aus einem umlegbaren Pfahlmast mit einem Sprietsegel, einer Stagfock und einem Klüver an dem losen Bugspriet. Später erhielten sie auch Gaffelsegel und einen Besahnmast und wurden mit der neuen Takelung auch Ever genannt. So z. B. der letzte und angeblich im Jahre 1748 gebaute Prahm „Die Freundschaft" von Itzehoe, der erst 1911 abgewrackt worden ist. Auch am Rhin waren für den Gemüsetransport Prahme vorhanden, aber spitzgatt gebaute, die seit den achtziger Jahren verschwunden sind.

20. Weserkahn. (Abb. 13.)

Die eigentlichen Frachtfahrer der Niederweser sind besonders in der ersten Hälfte des vergangenen Jahrhunderts die Bremerkähne, auch Weserkähne, meistens aber nur Kahn genannten Fahrzeuge gewesen. Wegen der geringen Fahrwassertiefe dienten sie als Leichterfahrzeuge für die größeren Seeschiffe, sowie als Frachtfahrer nicht nur auf der Weser, sondern auch nach der Elbe. Ihr Verbreitungs- und Baugebiet sind beide Ufer der Niederweser gewesen, besonders Oldenburg, geringer war ihre Zahl in Bremen und noch geringer in Hannover. Bremen besaß im Jahre 1841 89, Oldenburg 1846 187 und im Jahre 1866 sogar 252 Kähne; dagegen zählte die hannoversche Flotte 1869 nur 29. Die Verbesserung des Fahrwassers, die Zunahme der Dampfschiffahrt und besonders die seit dem Jahre 1863 einsetzende Leichterschiffahrt nach der Elbe verursachte allmählich den Rückgang der Kähne: 1873 205, 1888 57, 1908 24. Heute sind von ihnen nur 12 vorhanden, z. T. aber von etwas abweichender Bauart.

Sie gehören zwar zur Gruppe der Ever, sind aus diesen hervorgegangen, aber haben sich dann den abweichenden Fahrwasserverhältnissen entsprechend verschieden entwickelt. Wie die Ever hatten sie einen flachen, vorn und hinten aufgeholten Boden, dieselbe Wegerung, völlige Seiten, ein überhängendes Vorschiff, jedoch mit weniger gekrümmtem Vorsteven, einem mehr senkrechten Achtersteven und einen platten Spiegel mit Heckfenstern, sowie auch einen Ruderkopf, dagegen keine Klüsbacken. Die Weserkähne waren im Durchschnitt größer, besonders breiter und höher als die Ever. Ihr mittlerer Wert der L/B beträgt 2,94, gegen 3,26 bei den eigentlichen Elb=Evern. Vorn hatten sie einen starken Sprung, der nach hinten flacher verläuft als bei den Evern, ein schärferes Achterschiff und nach hinten eingezogene Seiten. Ein besonderes Merkmal bildete ihre hohe Lukenabdeckung, die für die Aufnahme von sperrigen Gütern eingerichtet war und Zelt genannt wurde. Die neueren Kähne zeigen im Vorschiff weniger Sprung, besitzen die flache Lukenabdeckung der Ever, auch hat sich für diese Fahrzeuge die Bezeichnung Everkahn eingebürgert.

Am Ende des 18. Jahrhunderts bestand ihre Takelung aus einen Pfahlmast, mit einem großen Gaffelsegel, großer Stagfock und an dem Bugspriet einen Klüver; wie viele Küstenfahrer setzten sie vor dem Mast ein kleines Rahtoppsegel. In dem Anfang des 19. Jahrhunderts wurden sie mit zwei festen oder losen Masten getakelt, entweder mit einem sehr kleinen und dicht am Spiegel stehenden Mast, oder mit einem weiter vorn befindlichen und hohen Besahnmast mit einem Knickstag und beide häufig mit losen Stengen. An Segeln führten sie ein Großsegel, einen Besahn, eine Breitfock und darüber gelegentlich ein bis zwei Rahsegel, eine Stagfock, sowie an dem Bugspriet mit losem Jagerbaum zwei bis drei Klüver. Neben den zweimastigen Kähnen wurden auch die einmastigen weiter verwendet, und seit der zweiten Hälfte des 19. Jahrhunderts wird nur noch die Breitfock und an Stelle der Rahsegel ein Großgaffeltoppsegel gefahren.

Eine Abart der Weserkähne sind um die Mitte des 19. Jahrhunderts die See=Kähne gewesen, die man mit steilerer Kimm und mit fester Verschanzung baute, auch hatten sie die flache Lukenabdeckung, stets feste Masten, eine größere Segelfläche und segelten ohne Seitenschwerter bis nach England und der Ostsee. Nach 1850 werden mitunter Schunerkähne und auch Schuner=Ever erwähnt, welche Bezeichnungen so zu erklären sind, daß man darunter Segler mit Rahsegeln am Großmast verstand, nach dem Vorbild der Schunergaleassen, oder daß die

Fahrzeuge einen Schunerbug hattten, wofür Schunergalioten und Schuneraaken Beispiele sind, oder endlich können die Bezeichnungen nur eine schmückende Bedeutung haben, etwa wie man Schunerlomme und Schunerquatze sagt, wenn diese Typen mit zwei Masten getakelt wurden.

21. Spitzmutte.

Neben den eigentlichen Mutten kamen an der Ems auch sogenannte halbe- oder Spitzmutten vor, die aber eine kantige Kimm hatten und spitzgatt gebaut wurden. Von gleicher Größe wie die Mutten hatten sie bei schärferer Form gerade und nach außen geneigte Steven, keine Klüsbacken und wie die ersteren ein festes Deck ohne Quarterdeck und Seitenschwerter, sowie einen Ruderkopf. Ihre Besegelung war ebenfalls dieselbe, nur hatten sie gelegentlich auch ein loses Bugspriet mit einem oder zwei Klüvern. Größere und in der Küstenschiffahrt verwendete Spitzmutten sind in der zweiten Hälfte des 19. Jahrhunderts mit einem niedrigen Besahnmast getakelt worden.

22. Pünte.

Ebenfalls Emsfahrzeuge, die auch Emspünte, Münstersche Pünte, oder nach dem Hauptbauort Harener Pünte genannt wurden. Sie sind offenbar ein alter Schiffstyp, der noch heute vorkommt und gelegentlich in derselben Form als eiserner Segler, und zwar für deutsche Rechnung in Holland nachgebildet worden ist. Der Rumpf zeigt flachen Sprung und ist nur vorn und hinten gedeckt, die Seiten haben Lehmung und eine kantige Kimm, und der Boden ist an den Enden etwas hochgezogen, hinten mit einem Streek versehen, auch werden Seitenschwerter benutzt. Die Pünten haben ein ziemlich scharfes Hinterschiff, einen geraden Achtersteven, sowie ein prahmartig aufgebogenes Vorschiff — prahmartig wie bei den in der Binnenschiffahrt verwendeten Prahmen — das vorn am Bug zusammengezogen ist. Diese Bugform ist beim Treideln zweckmäßig, um das Pferd an Bord zu nehmen und an das andere Ufer überzusetzen, wenn der Leinpfad das Ufer wechselt. Getakelt sind sie mit einem umlegbaren Mast und einem seitlichen, dunkelbraun gelohten Rahsegel.

Verwendung fanden sie hauptsächlich auf der Ems zum Transport von Stroh, Steinen, Holz, Schlick usw., doch segelten sie bisweilen auch nach den ostfriesischen Inseln und früher über die Watten bis nach Hamburg. Ihre Abmessungen waren sehr verschieden: 14 bis 26 Meter L, 4,0 bis 5,60 Meter B und 1,25 bis 2,20 Meter T. Am Ende des vergangenen Jahrhunderts sind auch gedeckte Pünten mit geradem Vorsteven gebaut und mit einem oder zwei Masten mit Gaffelsegeln getakelt worden und man nannte sie dann Spitzpünten. Gegenüber den Spitzmutten unterscheiden sie sich fast nur durch die größeren Abmessungen.

23. Kurischer Reisekahn. (Abb. 39.)

Der kurische Reisekahn, auch kurischer Kahn oder kurz Kurländer genannt, verbindet die Eigenschaften eines Binnenfahrzeuges mit denen eines Haff-Fahrzeuges. Er wird zur Frachtschiffahrt auf dem Memelstrom, Gilge, Deime, Pregel, Nogat, der unteren Weichsel und besonders auf dem Frischen und Kurischen Haff verwendet. Wie viele ostpreußische Schiffsformen hat der kurische Kahn ein hohes und überfallendes Vorschiff und ein niedrigeres Achterschiff, mit einem altertümlichen und über das Deck emporragenden, oben abgerundeten Spiegel. Die Seiten haben Lehnung und eine kantige Kimm (Kimmungsplanke genannt) und der fünf Zoll starke Boden ist vollständig flach, ohne Streek; das feste Deck hat ringsum eine niedrige Reeling (Rehholz), kein Quarterdeck und eine große Luke, mit gekrümmten Lukendeckeln. An dem nach hinten geneigten Achtersteven hängt das kurze und hohe Ruder in Fingerlingen, wie bei allen anderen Seglern, und die Ruderpinne (Helm genannt) fährt durch den Spiegel; Seitenschwerter sind ebenfalls bei diesen Fahrzeugen vorhanden.

Während die älteren Kähne einmastig getakelt wurden, sind jetzt die zweimastigen vorherrschend. Von den zweimastigen gibt es zwei Arten, genau wie in früherer Zeit bei den Weserkähnen. Die einen haben einen sehr hohen Großmast, sowie einen niedrigeren Besahnmast, die anderen an Stelle des Besahnmastes einen dicht am Spiegel stehenden und viel kleineren Besahnmast. Außer diesen gibt es noch mehrere, welche mit zwei gleich hohen

Hauptmasten, Vorder- und Achtermast genannt, und einen kleinen Besahnmast, dicht am Spiegel, getakelt sind. Die Masten sind stets fest, gelegentlich mit festen Stengen versehen, das lange Bugspriet ist dagegen zum Hochklappen eingerichtet, und mitunter wird an diesem ein loser Jagerbaum gefahren. An den Masten führen sie Gaffelsegel, jedoch keine Gaffeltoppsegel, dafür an dem Großmast, oder am Achtermast der dreimastigen Kähne, ein breites Rahtoppsegel, außerdem eine Stagfock und einen seltener zwei Klüver. Wenn auch die Reisekähne nicht solche guten Segler wie die Lommen sind, so können sie doch vermöge ihrer großen Gaffeltakelung auf den Haffen noch ganz leidlich kreuzen.

Gebaut werden sie auf den kleineren Werften von Elbing bis Memel und haben gewöhnlich eine Tragfähigkeit von 100 bis 250 Tonnen; Kähne mit einer geringeren Ladefähigkeit waren früher sehr gebräuchlich, werden jetzt aber nicht mehr gebaut. Als Beispiel der größeren Reisekähne kann der noch heute in Fahrt befindliche Kahn „Der Stern" von Gr. Steinort dienen, welcher im Jahre 1868 zu Tilsit gebaut ist und folgende Abmessungen hat: 32,35 Meter L, 6,94 Meter B, 1,86 Meter T, bei einer Tragfähigkeit von 225 Tonnen.

VI. Klinker gebaute Fahrzeuge.

Charakteristisch für die Ostseefahrzeuge ist die noch in der Gegenwart Anwendung findende Klinkerbauweise, nicht nur für Fischereifahrzeuge, sondern auch für kleinere Frachtsegler. Von den deutschen Typen sind früher die pommerschen und gelegentlich auch die schleswig-holsteinischen Jachten, die pommerschen Schlupen und vor allem die Lommen so gebaut worden. Teils Spitzgatt, teils mit einem Heck und mit Ausnahme der Lommen, welche Seitenschwerter führen, auf Kiel gebaute und gedeckte Fahrzeuge, mit festen Masten.

24. Lomme. (Abb. 14.)

Eigenartige und altertümliche Fahrzeuge sind die Lommen des Frischen Haffs, die in ihrer Bauweise von den anderen deutschen Frachtseglern stark abweichen. Gebaut wurden sie nur in Tolkemit am Frischen Haff, zuletzt alle bei G. Modersitzki, und sind in Tolkemit, Frauenburg, Sukase und Bodenwinkel, vereinzelt auch in der Elbinger Niederung zu Hause. Der Verwendungsbereich der Lommen ist das Frische Haff, während einige auch als Frachtsegler bis nach Gotland, Bornholm und Rügen gelangen. Am bekanntesten sind sie durch ihre mühsame Steinfischerei (Steinzangen) in der Ostsee geworden. Aus ihrem eigentlichen Heimatsgebiet sind sie kaum ausgewandert und außer den 44 zur Zeit in dem Seeschiffsregister von Elbing eingetragenen Lommen, ist nur eine in Stettin registriert. Umgekehrt sind dort andere Fahrzeugstypen selten benutzt worden; augenblicklich ist dort nur ein Besahn-Ever, Galeasse genannt, vorhanden. Ueber die Zahl der in früherer Zeit und auch in der Gegenwart am Frischen Haff vorhandenen Lommen sind keine Angaben veröffentlicht worden; 1910 wurde ihre Zahl auf 230 geschätzt und nach einer anderen Mitteilung soll allein Tolkemit 130 im Jahre 1918 besessen haben.

Die Lommen sind sehr völlige und sehr breite Fahrzeuge, mit einem mittleren Verhältnis L/B von 2,71 und der Heckform nach stammen sie mindestens aus dem 18. Jahrhundert, wahrscheinlich sind sie aber noch älter. Ihr schwach gerundeter Boden ist an den Enden aufgeholt und hat an Stelle des Kiels eine stärkere Mittelplanke; z. B. sind die Bodenplanken 5 Zentimeter, die Kielplanke 16 Zentimeter stark. Der breite und flache Vorsteven ist gerade und etwas ausfallend, und die Seitenplanken sind bis an die Vorderkante des Stevens gezogen, so daß er nur vorn frei liegt. Das Vorschiff ist völlig, unter Wasser eingezogen und hat als weitere Besonderheit eine eiserne Verstärkung um beide Ankerklüsen, die über den Steven greift. Ihre Heckform entspricht ungefähr der Abb. 27; über dem Achtersteven befindet sich ein flacher Spiegel und darüber ein vorspringendes, flaches Heck mit bunter Bemalung, gelegentlich auch mit Heckfenstern. Das feste und durchlaufende Deck zeigt starken Sprung, hat eine aufgesetzte Reeling und hinter dem Großmast eine große Luke. Die Lommen sind sehr stark gebaut, voll ausgewegert, haben aber den konstruktiven Nachteil, daß ihre Balkweger nicht von vorn bis hinten durchlaufen, sondern nur von Schott zu Schott reichen. Erst in neuerer Zeit sind einige mit eisernen Spanten und zur Verstärkung des Verbandes mit eisernen Hängeknien versehen worden; auch sind ihre Decks aus sehr breiten, kiefernen Planken ausgeführt und ihre Nähte mit Smatting (gefaltete Persenningsstreifen) benagelt, nicht, wie sonst üblich, aus schmalen Planken gebaut und durch Werg gedichtet. Sie führen große Seitenschwerter. Das Ruder fährt durch das Heck und wird mit einer Ruderpinne gesteuert, größere Fahrzeuge haben feste Heckdavits für das Beiboot, welches auf See bei den kleineren Lommen an Deck genommen wird. Außenbords werden sie geteert und nur das Schanzkleid und das Heck wird bemalt. Früher gab es auch sogenannte Lommenjachten mit einem Mast, die einen nach innen gekrümmten und mit Eisen beschlagenen Vorsteven hatten, bei sonst gleicher Form wie die anderen Lommen.

Seit der Mitte des vergangenen Jahrhunderts werden die größeren Lommen mit zwei Pfahlmasten getakelt, einem Großmast und einem kleineren Besahnmast. Solche nennt man Schunerlommen, indessen die einmastigen und weiterhin verwendeten, einfach mit Lomme bezeichnet werden. Sie besitzen feste Masten mit großen Gaffelsegeln, eine Stagfock, auch ist ihr Besahn größer als auf den Elb-Evern. Gaffeltoppsegel darüber zu fahren ist nicht gebräuchlich, dagegen führen die Schunerlommen am Großmast ein leichtes Rahsegel vor dem Mast, das Affe genannt wird. An dem festen Bugspriet, gelegentlich mit einem Jagerbaum, werden ein bis zwei Klüver gesetzt. Die Besegelung ist sehr groß, sind doch die Masten oft länger als das Schiff, was notwendig ist, um einem so völligen Fahrzeuge, wenn es beladen ist, genügend Fahrt zu geben. Trotz ihrer breiten und völligen Form sind es ausgezeichnete Segler. Je nach dem Wohnsitz des Schiffers werden an den Masten verschiedene Abzeichen verwendet, z. B. sind die Tolkemiter Lommen an einem roten Flögel, die Bodenwinkeler an einem blauen Flögel kenntlich, die Sukaser führen blaue Flaggen usw.

25. Pommersche Klinkerfahrzeuge.

Auf den kleineren pommerschen Werften sind seit jeher Klinker-Fahrzeuge mit Vorliebe gebaut worden und nicht nur für die Fischerei, wie die Heuer, Polten, Zeeskähne, Tuckerkähne und Quatzen, sondern auch für die Frachtfahrt. So wurden früher Klinker-Schlupen gebaut, die wie die Kraweel-Schlupen ein Heck, aber eine flachere Bodenform hatten und andere, die im Unterwasserschiff Klinker, sonst aber Kraweel gezimmert wurden. Beide Bauarten wurden ebenfalls für die auf S. 27 erwähnten scharfen pommerschen Jachten verwendet. Gebräuchlicher als diese sind die hauptsächlich in der Haff- und Boddenfahrt benutzten Klinker-Jachten, auch Warpsches Boot genannt. Spitzgatte, ziemlich flach im Boden aber auf Kiel gebaute und breite Fahrzeuge, mit ausfallendem Steven, festem Deck, großer Luke und Quarterdeck, sowie mit einem über den Achtersteven fahrenden Ruder. Sie haben einen Pfahlmast, ein loses Bugspriet und fahren ein Großsegel, Gaffeltoppsegel, Stagfock und Klüver. Wenn solche Jachten mit einem niedrigen Besahnmast getakelt werden, nennt man sie Galeassen. Als Beispiel einer Klinkerjacht kann die „Margarethe" dienen, welche im Jahre 1903 zu Wollin gebaut worden ist und folgende Abmessungen hat: L 15,46 Meter, B 5,29 Meter, T. 1,72 Meter, bei 31 Br.-R.-To.; dieses Fahrzeug hat auch einen Loskiel. Auch als Gaffelschuner getakelte Fahrzeuge wurden an dem Stettiner Haff gebaut, die dann aber ein Heck oder einen Spiegel hatten. Von diesen Schunern ist zur Zeit nur noch einer vorhanden, und zwar der im Jahre 1911 zu Neuwarp auf der Werft von Fünning vom Stapel gelaufene Segler „Hedwig". Mit seinem Raumgehalt von 39 Br.-R.-To. ist das Schiff der kleinste deutsche Frachtschuner und hat zwei Pfahlmasten. Auch die als Fischhandelsfahrzeuge bekannten pommerschen Quatzen sind vereinzelt als Frachtsegler umgebaut worden. Quatzen sind mittelscharfe, auf Kiel und mit einem überfallenden Vorschiff gebaute, breite und gedeckte Fahrzeuge, gewöhnlich mit einem hohen Pfahlmast und langen Bugspriet, seltener mit einem niedrigen Besahnmast getakelt; letztere nennt man Schunerquatzen. Unter den deutschen Galeassen befinden sich gegenwärtig zwei solcher Quatzen, die eine Größe von 28 bis 45 Br.-R.-To. besitzen. Im Jahre 1914 waren in Pommern an Klinkerfahrzeugen vorhanden: 4 Schuner, 19 Galeassen, 14 Schlupen und 41 Jachten; dagegen sind über den augenblicklichen Stand keine Angaben vorhanden. Spitzgatte Klinkerjachten wurden vor 1850 auch an der Ostküste von Schleswig-Holstein gebaut und verwendet, andererseits sind die pommerschen Jachten gelegentlich auch in Kraweelbau ausgeführt worden.

B. Eiserne Segelschiffe.

VII. Allgemeines.

Im Jahre 1838 lief zu Liverpool der erste eiserne Segler, das kleine Vollschiff „Ironsides" vom Stapel, 1851 folgte Holland mit dem Schuner „Henriette" und gleichzeitig Deutschland mit den in Köln gebauten Barkschiffen „Fortschritt", „Wilhelmine" und der Brigg „Hoffnung". Der ständige Bau kleiner eiserner Segler begann auf den holländischen und deutschen Werften aber erst viel später, und zwar Ende der achtziger und Anfang der neunziger Jahre. Welchen Anteil die holländischen und deutschen Werften an dem Bau kleinerer Segelschiffe hatten, ergibt die folgende Tabelle:

Tabelle II

Im Jahre 1928 in Deutschland vorhandene kleine eiserne Schiffe.

Typ	Gebaut in Deutschland		Gebaut in Holland	
	Anzahl	Br.-R.-To.	Anzahl	Br.-R.-To.
Dreimast-Schuner .	30	5442	21	4675
Schuner	29	3628	32	3602
Logger	83	9061	31	3438
Galeasse	11	919	79	6247
Tjalk	—	—	189	12079
Ever	235	10277	186	10152
Aak	—	—	25	2686
Zusammen	388	29327	563	42879

Das Uebergewicht des holländischen Kleinschiffbaues beruhte z. T. auf niedrigen Löhnen und Materialpreisen sowie darauf, daß die holländischen Werften und Hypothekenbanken den Schiffern langfristigen Kredit einräumten. Bei uns lagen die Verhältnisse so, daß nur wenige größere Werften Schuner und

Logger bauten, dagegen haben sich die meisten kleineren Werften nicht auf den Bau eiserner Segler umgestellt. Eine Ausnahme machen nur mehrere Werften an der Niederelbe, auf denen von der obigen Gesamtsumme 260 Schiffe mit 13 360 Br.-R.-To. gebaut worden sind.

Als Baumaterial für den Schiffskörper wurde zuerst Schweißeisen, seit den neunziger Jahren mehr und mehr Flußeisen verwendet und nur bei den älteren eisernen Evern fand auch Holz für den Boden Anwendung. In der äußeren Form haben die eisernen Schiffe gewöhnlich schärfere Enden als die hölzernen und sind entweder scharf auf Kiel gebaut wie die Logger, die Mehrzahl der Schuner und einige Galeassen, oder sie besitzen einen schwach aufkimmenden, gewöhnlich aber einen flachen Boden mit abgerundeter Kimm wie die Aaken, Galeassen, Tjalken, Ever und auch einzelne Schuner. Während die Segler mit scharfer Spantform nur gelegentlich ein Mittelschwert aufweisen, haben die flachbodigen Fahrzeuge gewöhnlich Seitenschwerter. In der Innenkonstruktion — abgesehen von der Stärke der einzelnen Verbände — sind einerseits die scharfen, andererseits die flachen Schiffe fast gleich, so daß z. B. das Hauptspant der Galeassen (Abb. 41) gleichzeitig als Beispiel für das der Aaken, Ever und Tjalken dienen kann. Im Gegensatz zu den hölzernen Schiffen besitzen die eisernen Galeassen, Aaken und Ever in dem Verhältnis zur Länge durchschnittlich eine geringere Breite und Seitenhöhe und auch viel größere Ladeluken. Für diese abweichenden Verhältnisse ist aber als Ursache nicht die größere Festigkeit des Eisens anzusehen, sondern diese sind lediglich mit der Verwendung der Schiffe verändert worden, weil kleinere Segler heute nicht mehr so ausgedehnte Reisen wie in früherer Zeit unternehmen. Nach dem Kriege sind einige Tjalken und Galeassen, vor allem aber viele Ever durch Umbauten vergrößert worden. Teils sind sie um mehrere Meter verlängert, häufiger aber um 40 bis 60 Zentimeter erhöht worden, indem unter dem Scheergang (dem obersten Seitengang) noch ein Seitengang eingebaut wurde.

Der Schmuck der kleineren Segler ist auch fast aufgegeben worden. Nur die Tjalken und Ever haben oft eine bunte Bemalung, z. B. ist der Rumpf gelbgrün oder blaugrün gemalt, mit gelber oder weißer Reeling, oder hellrot mit weißer Reeling, schwarz mit roter Reeling usw. Vorherrschend ist ein schwarzer, hellgrauer oder weißer Anstrich. Auch die Klüsbacken der hölzernen Ever, die abstechend von dem Rumpf bemalt werden, kommen bei den eisernen Evern vor, obwohl sie hier keine Verstärkung der Ankerklüse darstellen. Ebenso haben die Ever und Tjalken den geschnitzten und bemalten Ruderkopf beibehalten, erstere wenigstens oftmals, letztere immer.

Die Hauptabmessungen der eisernen Segelschiffe sind nachstehend zusammengestellt, doch ist zu bemerken, daß die Abmessungen der verlängerten und erhöhten Schiffe einzelner Typen unberücksichtigt geblieben sind.

Tabelle III

Abmessungen der eisernen Segelschiffe, 1870 bis 1928.

Typ	Länge m	Breite m	Raumtiefe m	Raumgehalt Br.-R.-To.	Verhältnis der Länge zur Breite	Mittlerer Wert Länge zur Breite
Dreimast-Schuner	21,6—48,6	5,5—8,5	2,3—5,3	120—520	3,8—5,5	4,57
Schuner	21,0—37,0	5,0—8,4	1,9—3,3	75—250	3,6—4,9	4,09
Aak	23,0—33,0	4,9—6,1	1,7—2,6	70—160	4,2—5,6	5,08
Tjalk	15,0—27,0	3,5—6,0	1,2—2,6	20—140	3,8—5,0	4,5
Logger	22,0—27,4	5,4—6,8	2,7—3,1	80—135	3,6—4,2	3,85
Galeasse	19,0—28,0	5,0—6,6	1,7—2,4	50—130	3,3—4,9	4,08
Ever	15,0—24,1	4,0—5,8	1,3—2,0	20—80	3,2—4,6	4,24

VIII. Einzelne Typen.

26. Eiserne Schuner. (Abb. 36, 42.)

Einer der ältesten deutschen Schuner war der im Jahre 1869 auf der Reiherstieg-Werft in Hamburg vom Stapel gelaufene eiserne Dreimast-Schuner „Elbe" von 352 Br.-R.-To. Bis zu dem Jahre 1900 sind eiserne Schuner nur vereinzelt, nach 1900 aber häufiger auf den deutschen Werften gebaut worden, hauptsächlich in Hammelwarden, Stade, Elmshorn, Kiel und Stralsund. Solche Segler sind oft aus dem Auslande angekauft worden, besonders in neuerer Zeit aus Holland, wo der Schunerbau in Groningen im Jahre 1891 einsetzte. Ihr Bestand war in unserer Handelsflotte: 1888 6 und 4, 1908 13 und 34,

1928 52 und 62, wobei jeweils die erste Ziffer Dreimast-Rah- und Gaffelschuner, die zweite Zweimast-Rah- und Gaffelschuner bedeutet.

Bei den eisernen Schunern sind zwei verschiedene Formen zu unterscheiden, und zwar die mit einem überfallenden Vorsteven und einem runden Heck gebauten, sowie die Jachtschuner. Alle haben ziemlich scharfe Formen, starken Sprung und ein mittleres Verhältnis L/B von 4,57 bei den Dreimast-Schunern und 4,09 bei den Zweimast-Schunern. In der Takelung zeigten sie früher gegenüber den hölzernen Schunern keine Abweichungen, nur sind einige mit umlegbaren Masten versehen. Heute sind die Rahschuner bei uns fast verschwunden und an ihre Stelle sind die Gaffelschuner getreten. Die Einführung der Motoren in der Segelschiffahrt nach dem Kriege hat auch auf die Takelung der Schuner insofern Einfluß gehabt, als stengelose Masten und eine kleinere Besegelung bevorzugt werden. An Stelle des Großsegels bei den zweimastigen Schunern oder des Besahns der dreimastigen Schuner ist oft ein Spitzsegel getreten, und oft dient der aus Mannesmann-Rohr angefertigte hintere Mast als Auspuff. Nach dem Kriege, mitunter nach Verlängerung des Schiffes, sind mehrere Logger und andere kleinere Fahrzeuge als Schuner umgetakelt worden, von denen manche kein Bugspriet führen und als Vorsegel eine Stagfock und einen binnenbords fahrenden Klüver besitzen. Eine Takelung, welche in England mit „inboard rig" bezeichnet wird und die auch für die neueren und vornehmlich aus Holland stammenden kleinen Motorleichter gebräuchlich wird.

27. Eiserne Logger. (Abb. 35)

Um 1880 wurde zu Kinderdijk (Südholland) auf der Werft von J. & K. Smit der erste eiserne Fischlogger gebaut, während in Deutschland die ältesten eisernen Logger erst im Jahre 1895 bei dem Bremer Vulkan in Vegesack vom Stapel liefen. Sie haben im wesentlichen dieselbe Form und Besegelung wie die hölzernen, nur ist das platte Heck durch ein rundes ersetzt worden. Das mittlere Verhältnis L/B ist bei beiden Arten fast gleich und beträgt 3,85 bei den eisernen Loggern und 3,72 bei den hölzernen. Später, teils im Jahre 1906, teils in den Jahren 1917 bis 1923 sind eine Anzahl Logger um 3 bis 4 Meter verlängert worden, so daß der mittlere Wert dieser Fahrzeuge auf 4,35 gestiegen ist. Die in der deutschen Heringsfischerei verwendeten Logger sind fast alle auf deutschen Werften, seltener auf holländischen, gebaut worden, vornehmlich in Vegesack, Hammelwarden, Emden, Papenburg, Brake und Elsfleth. Nach dem Kriege sind jedoch holländische Logger häufiger in deutschen Besitz übergegangen, die dort nicht mehr mit Nutzen in der Fischerei verwendet werden konnten. Allein in dem Jahre 1928 sind 19 Logger mit einem Gesamt-Raumgehalt von rund 2100 Br.-R.-To. angekauft worden, welche ein Alter von 14 bis 26 Jahren haben. Diese, sowie auch viele deutsche Logger, werden jetzt als Frachtsegler verwendet und sind dann gelegentlich auch in der Takelung verändert worden, indem sie einen festen Großmast und einen größeren Besahnmast, mitunter auch zwei gleichhohe Pfahlmasten erhielten. Ihre Zunahme zeigt folgende Reihe: 1900 26, 1912 93, 1928 114.

28. Eiserne Tjalken. (Abb. 15, 34.)

Als nach 1880 einige Groninger Werften mit dem Bau eiserner Segelschiffe begannen, beschränkte sich die Veränderung fast nur auf das Material, denn die ersten eisernen Schiffe waren meistens große, über 20 Meter lange Tjalken. In der Form unterscheiden sie sich von den hölzernen Tjalken durch ein mehr abgerundetes und unter Wasser schärferes Vor- und Achterschiff, sowie durch den überfallenden Vorsteven. Wie die hölzernen Tjalken haben sie einen flachen Boden mit abgerundeter Kimm, Seitenschwerter, gewöhnlich ein Quarterdeck und ein weißes Deckhaus mit bemalten Fensterladen und das frei über dem Achtersteven fahrende Ruder. Auch das traditionelle und hervortretende Bergholz ist beibehalten oder durch eine Dopplungsplatte markiert worden. Die eisernen Tjalken sind sehr tragfähige Schiffe, welche ihres bedeutenden Sprunges wegen mittschiffs sehr tief weggeladen werden können, wenn die Abdeckung der großen Ladeluke stark genug ist. Wie die hölzernen Schiffe sind sie mit einem umlegbaren Mast versehen und haben auch die gleiche Besegelung. Nur wenige besitzen außerdem einen oft sehr niedrigen Besahnmast mit einem kleinen Gaffelsegel. Einige führen an beiden Masten, oder nur an dem Besahnmast eine lose Stenge, an der ein Besahngaffeltoppsegel gesetzt wird und andere haben nur zwei Pfahlmasten. Für diese zweimastigen Schiffe hat sich bei uns — sehr selten in Holland — die Bezeichnung Kufftjalk anstatt Besahntjalk eingebürgert. Man glaubte, hiermit den wesentlichen Unterschied der beiden Typen, welche aber tatsächlich von einer Form sind, zu kennzeichnen. Doch ist die Kufftjalk eine Zwischenform der Kuff und Tjalk, wie auf S. 32 angegeben, und dieser Name hat absolut nichts mit der Besegelung zu tun.

In der deutschen Handelsflotte haben die eisernen Tjalken rasch Eingang gefunden: 1892 8, 1900 28, 1914 166 und 1928 189. Dagegen sind sie auf den deutschen Werften nie gebaut worden. Dies ist vielleicht die Ursache, daß das Verbreitungsgebiet der eisernen Tjalken ein anderes ist, denn sie sind von Ostfriesland bis Pommern beheimatet. Ihr Bau ist inzwischen wieder aufgegeben worden und die jüngste deutsche Tjalk stammt aus dem Jahre 1913. Heute begnügen sich unsere Schiffer mit dem Erwerb älterer Schiffe. So sind in dem vergangenen Jahre 30 Tjalken mit einem Raumgehalt von rund 2200 Br.-R.-To. aus Holland angekauft, die alle eine Größe von über 50 Br.-R.-To. besitzen und in der Zeit von 1896 bis 1909 gebaut worden sind.

29. Eiserne Aaken.

Durch die häufigere Verwendung des Eisens als Baumaterial für kleinere Segelschiffe, begann man in Holland allmählich von dem Tjalkmodell abzuweichen. Die alte Gewohnheit der niederländischen Schiffbauer, die Formen mehrerer Schiffe miteinander zu kombinieren, kam wieder zur Geltung. Diese neuen Formen waren die Aaken (Aakschiff), auch Klipperaak, Klipper (Klipperschiff), Schuneraak, Aak-Kuff genannt. Sie wurden aus den hölzernen Stevenaaken, besonders der Hasseltschen Aak, entwickelt, doch erhielten die eisernen Schiffe ein schärferes Vorschiff. An dieser Stelle sollen nur die eigentlichen Aaken Erwähnung finden, während die Schuneraaken bei den Galeassen, die Spitzgatt-Aakschiffe bei den Evern behandelt werden. Fast alle eisernen Aaken besitzen ein überfallendes Vorschiff mit einem gekrümmten Vorsteven (Schunerbug), einem flachen oder schwach aufkimmenden Boden mit abgerundeter Kimm, führen gewöhnlich Seitenschwerter und weisen je nach ihrer Bestimmung einen flachen, starken oder sehr starken Sprung auf, haben ein Quarterdeck und ein Deckhaus. Die Aaken haben, einige Nebenformen unberücksichtigt gelassen, entweder ein rundes Heck wie die großen Segler und dann auch im Hinterschiff eine scharfe Form, oder das runde Achterschiff der Tjalken mit dem Tjalkruder. Getakelt sind sie mit einem oder zwei umlegbaren Masten, dem Groß- und Besahnmast, einem losen Bugspriet und führen daran Gaffelsegel, Gaffeltoppsegel, Stagfock und ein bis zwei Klüver. Am auffallendsten sind ihre Abmessungen, die bei den meisten eine Länge von 25 bis 33 Meter und darüber erreichen, bei einer Breite von 5 bis 6 Meter, so daß sie ein mittleres Verhältnis L/B von 5,08 zeigen. Dieser ungewöhnliche Wert für kleinere Segelschiffe, ihre oft geringe Seitenhöhe in dem Verhältnis zur Länge, die häufig geringe Segelfläche in dem Verhältnis zur Schiffsgröße sowie ihre oftmals sehr großen Luken lassen schon erkennen, daß die Aaken eigentlich für die Binnenfahrt, statt für die Küstenfahrt konstruiert worden sind. Tatsächlich finden auch viele Aakschiffe in der nordwestdeutschen Binnenfahrt Verwendung. Andererseits befinden sich unter ihnen auch Schiffe mit ganz normalen Abmessungen. Bezeichnet werden die Aaken bei uns ganz nach Belieben, entweder als Aak, Tjalk, Ever, Galeasse oder Schuner.

30. Eiserne Galeassen. (Abb. 33, 41.)

Von den 91 eisernen Galeassen der deutschen Handelsflotte in der Gegenwart stammen nicht weniger als 79 von den Groninger Werften her. Alle haben den gekrümmten Vorsteven, ein überfallendes Vorschiff und ein rundes Heck, auch sonst die Form, wie bei den Aaken beschrieben, jedoch besitzen mehrere einen aufkimmenden Boden. Vor allem aber sind ihre Abmessungen besser und haben eine Länge von 19 bis 26 Meter — größere sind nur zwei vorhanden — bei einem mittleren Verhältnis L/B von 4,68. Wegen der Form ihres Vorschiffes werden sie in Holland Klipperschiff, gewöhnlich aber Schooneraak (Aakschooner) genannt. Leider ist mit dem Typ nicht der Name Schuneraak von den deutschen Schiffen übernommen worden. Man nennt sie bei uns in der Regel Galeasse, gelegentlich Aak, indem das bei vielen unverständliche Wort Aak unterdrückt wird — Schnee, vereinzelt aber auch Heck-Ever, Heckschiff und sogar Galeaß-Ever! Getakelt sind sie mit einem meist zum Niederlegen eingerichteten Groß- und Besahnmast, an welchen gelegentlich lose Stangen geführt werden, auch haben sie ein festes oder loses Bugspriet, mit oder ohne Klüverbaum. Die Masten der meisten eisernen Galeassen sind jedoch in dem Vergleich zu den hölzernen Galeassen viel niedriger. Ihre Besegelung ist die übliche wie auf den kleineren zweimastigen Seglern. Das Verbreitungsgebiet der neueren Galeassen, welche in der kleinen Küstenfahrt Verwendung finden, erstreckt sich von Ostfriesland bis Pommern. Außer diesen Schmeraaken sind noch 11 nach 1898 in Deutschland gebaute Galeassen, sowie eine dänische zur Zeit vorhanden. Teils haben sie dieselbe Form wie die Groninger Galeassen, teils sind es breite Jachtgaleassen mit einem Spiegel.

Weil in neuerer Zeit häufig Galeassen und Logger (Frachtlogger) verwechselt werden, ist darauf hinzuweisen, daß für die richtige Bezeichnung — ganz abgesehen von der verschiedenen Form beider Typen — die Seitenhöhe ein Bestimmungsmerkmal ist. Denn bei keiner der eisernen Galeassen beträgt die Seitenhöhe mehr als 2,40 Meter, während sie bei den eisernen Loggern von 2,70 Meter, bei fast allen aber von 2,88 bis 3,20 Meter schwankt. Außerdem ist noch zu beachten, daß ein Logger deshalb nicht zur Galeasse wird, wenn er aus der Fischerei genommen und als Frachtsegler umgebaut wird. Denn Fracht- und Kriegslugger, franz. lougre, engl. lugges, gab es schon im 18. Jahrhundert, als in der deutschen und holländischen Heringsfischerei noch Büsen und Huker verwendet wurden.

31. Eiserne Ever. (Abb. 16, 31.)

Sie sind der zahlreichste Typ unter unseren Seglern und werden seit dem Ende der achtziger Jahre an der Niederelbe gebaut. Ihre Hauptbauplätze waren Moorrege, Elmshorn, Wewelsfleth, Itzehoe und Cranz-Neuenfelde. Wenige Jahre später nahmen auch die Groninger Werften, besonders in Martenshoek, Hoogezand und Waterhuizen ihren Bau auf. Die

Zunahme dieses Schiffstyps lassen folgende Angaben erkennen: 1888 4, 1898 32, 1908 212, 1928 421.

Die ersten eisernen Ever hatten einen ausfallenden Vorsteven wie die Aaken und wie diese ein kleines Heck, oder sie waren mit einem geraden und senkrechten Vorsteven, hinten aber spitzgatt oder mit dem flachen Spiegel der hölzernen Ever gebaut. Fast alle besaßen einen flachen hölzernen Boden mit kantiger Kimm, an dessen Stelle in den neunziger Jahren ein flacher eiserner Boden mit abgerundetem Kimmgang, gelegentlich auch ein schwach gerundeter Boden trat; und seit dieser Zeit werden sie auch überwiegend spitzgatt gebaut. Wenn der Vorsteven gerade ist (eine einfachere und billigere Bauweise) nennt man sie an der Elbe auch Segelschuten, während im engeren Sinne mit Ever nur die bezeichnet werden, welche einen gekrümmten oder einen ausfallenden Vorsteven aufweisen. Wie die hölzernen Ever haben die eisernen vorn einen größeren Sprung als hinten, besitzen ein festes Deck und ein Kajütsdeck, führen Seitenschwerter, und das hölzerne oder eiserne Ruder wird mit einer Ruderpinne gehandhabt. Auch bei den eisernen Evern ist die Besahn-Ever-Takelung vorherrschend, gewöhnlich mit einem sehr niedrigen Besahnmast, und beide Masten sind zum Niederlegen eingerichtet; nur 37 sind als Giek-Ever, d. h. als Einmaster getakelt. Dagegen sind die eisernen Ever vorn und hinten schärfer und in dem Verhältnis zur Länge auch schmäler als die hölzernen Ever. Während der Mittelwert L/B bei den eisernen Fahrzeugen bei 4,24 liegt, beträgt er bei den hölzernen Evern nur 3,26. Auf der Niederelbe werden sie hauptsächlich zum Transport von Massengütern wie Steine, Zement, Kohlen, Getreide usw. benutzt, doch auch sonst zu allen möglichen Frachten und Fahrten längs der deutschen Küste und bis nach Dänemark und Schweden verwendet.

Der gegenwärtige Bestand der deutschen Segelschiffe.

Der gegenwärtige Bestand der deutschen Segelschiffe ist in den Tabellen IV bis VII zusammengestellt. Als Grundlage hierfür wurde verwendet das „Handbuch für die deutsche Handelsmarine" auf das Jahr 1928, herausgegeben im Reichsverkehrsministerium und das „Internationale Schiffsregister" 1928 nebst den Nachträgen, herausgegeben von dem Germanischen Lloyd, Berlin. Aufgenommen sind in die Tabellen alle Frachtsegler mit Einschluß der Fischlogger. Alle kleineren Frachtsegler sind hierin nicht enthalten, weil viele auch ohne ein Unterscheidungssignal im Küstengebiet verwendet werden; doch sind über diese Schiffe keine gedruckten Verzeichnisse vorhanden.

Die kleinen Segelschiffe sind in der Gegenwart vorherrschend. Nicht nur an Anzahl, denn das waren sie immer, sondern auch dem Raumgehalt nach. Von den 1076 Seglern unter 100 Br.-R.-To. haben 556 sogar einen Raumgehalt von unter 50 Br.-R.-To., während Schiffe von 500 bis 1000 Br.-R.-To. gar nicht vorhanden sind.

Tabelle IV zeigt auch in welchem Umfange — besonders seit dem Jahre 1922 — die Verbrennungsmotoren auf unseren Segelschiffen Eingang gefunden haben. Dadurch ist auf vielen Schiffen die Besegelung verkleinert, ihre Wirtschaftlichkeit aber gesteigert worden. Hierauf ist auch zurückzuführen, daß die eisernen Segler, von den Dreimast-Schunern abwärts, sich seit 1914 sogar vermehrt haben:

   1914: 924 Schiffe mit 63 343 Br.-R.-To.
   1928: 957 Schiffe mit 72 705 Br.-R.-To.
 Zunahme: 3,57 %   14,78 %.

Für die Tabelle VII ist auch zu bemerken, daß, weil seit vielen Jahren Hamburg aus mancherlei Gründen als Heimatshafen gewählt wird, die geographische Verbreitung der Schiffstypen nach dem Wohnsitz des Kapitäns oder des Reeders vorgenommen worden ist; denn sonst würde der Anteil Hamburgs unverhältnismäßig groß werden. Die Bedeutung dieser Stadt erkennt man auch so an der großen Zahl der an der Niederelbe beheimateten Schiffe. Dem Raumgehalt nach gehört über die Hälfte der deutschen Segelschiffe hierher.

Tabelle VIII gibt zum ersten Male eine Uebersicht des deutschen Segelschiffbaues nach dem Kriege. Sie zeigt, daß der zuletzt in Schleswig-Holstein und Pommern betriebene Holzschiffbau fast ganz aufgehört hat und daß der bevorzugte Schiffstyp die Schuner waren; denn von den 116 Schiffen entfallen allein 77 auf diesen Typ. An großen Seglern sind in diesem Zeitraum gebaut worden: 1921 unser größter Segler, die Viermast-Bark „Magdalene Vinnen", 1922 die fünf eigenartig getakelten Fünfmast-Rahschuner „Adolph-, Carl-, Lucie-, Susanne und Werner Vinnen", von denen der „Adolph Vinnen" im Jahre 1923 bei Lizard gestrandet ist; 1926 die Viermast-Bark „Padua" und 1927 das Vollschiff „Schulschiff Deutschland". Die ersten sechs Schiffe sind auf der Germaniawerft in Kiel, die beiden letzten auf der Tecklenborg'schen Werft in Wesermünde-G. gebaut.

Insgesamt sind in den zehn vergangenen Jahren 116 Segler mit 35 656 Br.-R.-To. vom Stapel gelaufen, davon 22 hölzerne Schiffe mit 2683 Br.-R.-To. Von diesen Schiffen segeln noch 55 mit 21 692 Br.-R.-To. unter deutscher Flagge, 45 Schiffe mit 7809 Br.-R.-To. sind in das Ausland verkauft worden, und total verloren gegangen (verschollen, gesunken, gestrandet) sind 16 Segler mit 6155 Br.-R.-To.

Tabelle IV

Anzahl der deutschen Segelschiffe im Jahre 1928.*

Typ	Hölzerne Segler Anzahl	Hölzerne Segler Br.-R.-To.	Eiserne Segler Anzahl	Eiserne Segler Br.-R.-To.	Zusammen Anzahl	Zusammen Br.-R.-To.	Davon mit Motoranlagen Anzahl	Davon mit Motoranlagen Br.-R.-To.
Viermast-Bark	—	—	7	22201	7	22201	1	3476
Vollschiff	—	—	4	6722	4	6722	—	—
Bark	—	—	1	2470	1	2470	—	—
Fünfmast-Schuner	—	—	4	7404	4	7404	4	7404
Viermast-Schuner	2	3062	2	808	4	3870	4	3870
Dreimast-Schuner	15	2285	52	10182	67	12467	67	12467
Schuner	30	2313	62	7392	92	9705	87	9196
Logger	30	2849	114	12499	144	15348	107	11739
Galeasse	19	866	91	7249	110	8115	103	7843
Galiot	12	667	—	—	12	667	7	406
Kuffijakt	1	61	—	—	1	61	1	61
Tjalk	36	916	189	12079	225	12995	149	10185
Ewer	130	3900	421	20429	551	24329	285	15166
Ewerkahn	12	726	2	118	14	844	1	49
Aak	—	—	25	2686	25	2686	22	1664
Schnigge	3	71	1	71	4	142	1	71
Jacht	6	167	—	—	6	167	1	29
Mutte	5	114	—	—	5	114	—	—
Schlup	5	123	—	—	5	123	1	24
Lomme	45	1554	—	—	45	1554	—	—
Zusammen	351	19674	975	112310	1326	131984	841	83650
Bestand im Jahre 1914	1131	56190	1060	370556	2191	426746	46	6158

* Die Schiffe unter 50 Br.-R.-To. (556) sind in dieser und in den Tabellen III, V bis VII nach dem Stand am 1. Januar 1928, die Segelschiffe über 50 Br.-R.-To. (770) nach dem Stand am 31. Dezember 1928 verzeichnet.

Tabelle V

Alter der deutschen Segelschiffe im Jahre 1928.

a) Hölzerne Segelschiffe:

Typ	Baujahre: 1928–1919		1918–1909		1908–1889		1888–1852	
	Anzahl	Br.-R.-To.	Anzahl	Br.-R.-To.	Anzahl	Br.-R.-To.	Anzahl	Br.-R.-To.
Viermast-Schuner	—	—	2	3062	—	—	—	—
Dreimast-Schuner	7	1241	5	508	3	536	—	—
Schuner	6	548	11	791	11	808	2	166
Logger	—	—	—	—	26	2474	4	375
Galeasse	2	115	1	73	13	548	3	130
Galiot	—	—	—	—	10	538	2	129
Kufftjalk	—	—	—	—	1	61	—	—
Tjalk	—	—	4	68	26	658	6	190
Ever	—	—	3	103	99	3027	28	770
Everkahn	—	—	—	—	3	151	9	575
Schnigge	—	—	—	—	1	24	2	47
Schlup	—	—	—	—	—	—	5	123
Jacht	—	—	—	—	5	145	1	22
Mutte	—	—	—	—	5	114	—	—
Lomme	—	—	2	99	16	656	27	799
Zusammen	15	1904	28	4704	219	9740	89	3326

b) Eiserne Segelschiffe:

Typ	Baujahre: 1928–1919		1918–1909		1908–1889		1888–1881	
	Anzahl	Br.-R.-To.	Anzahl	Br.-R.-To.	Anzahl	Br.-R.-To.	Anzahl	Br.-R.-To.
Viermast-Bark	2	6540	3	9557	2	6104	—	—
Vollschiff	1	1257	—	—	3	5465	—	—
Bark	—	—	—	—	1	2470	—	—
Fünfmast-Schuner	4	7404	—	—	—	—	—	—
Viermast-Schuner	2	808	—	—	—	—	—	—
Dreimast-Schuner	18	3864	28	5303	6	1015	—	—
Schuner	10	1366	33	3775	19	2251	—	—
Logger	12	1409	38	4498	64	6592	—	—
Galeasse	5	439	69	5490	16	1221	1	99
Tjalk	—	—	23	1604	165	10399	1	76
Ever	3	141	184	9657	230	10460	4	171
Everkahn	—	—	—	—	2	118	—	—
Aak	1	28	8	860	16	1798	—	—
Schnigge	—	—	1	71	—	—	—	—
Zusammen	58	23256	387	40815	524	47893	6	346

Tabelle VI

Bruttoraumgehalt der deutschen Segelschiffe im Jahre 1928.

a) Hölzerne Segelschiffe:

Typ	unter 100 Br.-R.-To. Anzahl	Br.-R.-To.	100 bis 200 Br.-R.-To. Anzahl	Br.-R.-To.	201 bis 500 Br.-R.-To. Anzahl	Br.-R.-To.	über 1000 Br.-R.-To. Anzahl	Br.-R.-To.
Viermast-Schuner	—	—	—	—	—	—	2	3062
Dreimast-Schuner	7	635	4	605	4	1045	—	—
Schuner	28	2096	2	217	—	—	—	—
Logger	22	1997	8	852	—	—	—	—
Galeasse	19	866	—	—	—	—	—	—
Galiot	12	667	—	—	—	—	—	—
Kufftjalk	1	61	—	—	—	—	—	—
Tjalk	36	916	—	—	—	—	—	—
Ever	130	3900	—	—	—	—	—	—
Everkahn	12	726	—	—	—	—	—	—
Schnigge	3	71	—	—	—	—	—	—
Schlup	5	123	—	—	—	—	—	—
Jacht	6	167	—	—	—	—	—	—
Mutte	5	114	—	—	—	—	—	—
Lomme	45	1554	—	—	—	—	—	—
Zusammen	331	13893	14	1674	4	1045	2	3062

b) Eiserne Segelschiffe:

Typ	unter 100 Br.-R.-To. Anzahl	Br.-R.-To.	100 bis 200 Br.-R.-To. Anzahl	Br.-R.-To.	201 bis 500 Br.-R.-To. Anzahl	Br.-R.-To.	über 1000 Br.-R.-To. Anzahl	Br.-R.-To.
Viermast-Bark	—	—	—	—	—	—	7	22201
Vollschiff	—	—	—	—	—	—	4	6722
Bark	—	—	—	—	—	—	1	2470
Fünfmast-Schuner	—	—	—	—	—	—	4	7404
Viermast-Schuner	—	—	—	—	2	808	—	—
Dreimast-Schuner	1	65	36	5575	15	4542	—	—
Schuner	16	1334	46	6058	—	—	—	—
Logger	28	2583	86	9916	—	—	—	—
Galeasse	86	6674	5	575	—	—	—	—
Tjalk	181	11191	8	888	—	—	—	—
Ever	420	20328	1	101	—	—	—	—
Everkahn	2	118	—	—	—	—	—	—
Aak	10	779	15	1907	—	—	—	—
Schnigge	1	71	—	—	—	—	—	—
Zusammen	745	43143	197	25020	17	5350	16	38797

Tabelle VII

Verbreitung der deutschen Segelschiffe im Jahre 1928.

Typ	Ostfriesland		Oldenburg		Bremen, Hannover (Weser)		Ostgebiet (Elbe)	
	Anzahl	Br.-R.-To.	Anzahl	Br.-R.-To.	Anzahl	Br.-R.-To.	Anzahl	Br.-R.-To.
Viermast-Bark	—	—	—	—	1	3476	—	—
Vollschiff	—	—	2	2517	—	—	—	—
Bark	—	—	—	—	1	2470	—	—
Fünfmast-Schuner	—	—	—	—	4	7404	—	—
Viermast-Schuner	—	—	—	—	—	—	—	—
Dreimast-Schuner	3	498	7	1314	1	338	2	272
Schuner	11	1253	8	1188	1	137	8	819
Logger	33	3323	28	3228	20	2286	1	87
Galeasse	1	82	4	394	—	—	21	1669
Galiot	—	—	1	72	—	—	2	117
Kufftjalk	—	—	—	—	—	—	—	—
Tjalk	55	2387	26	1508	2	144	13	881
Ever	1	42	6	251	1	49	46	1888
Everkahn	—	—	7	389	2	159	—	—
Aak	5	622	6	672	2	231	3	215
Schnigge	—	—	—	—	—	—	—	—
Schlup	—	—	—	—	—	—	—	—
Jacht	—	—	—	—	—	—	—	—
Mutte	1	26	4	88	—	—	—	—
Lomme	—	—	—	—	—	—	—	—
Zusammen	110	8233	99	11621	35	16694	96	5948

Tabelle VII, Fortsetzung.

Typ	Kehdingen (Elbe)		Alte Land (Elbe)		Hamburg		Holstein. Elbmarschen	
	Anzahl	Br.-R.-To.	Anzahl	Br.-R.-To.	Anzahl	Br.-R.-To.	Anzahl	Br.-R.-To.
Viermast-Bark	—	—	—	—	6	18725	—	—
Vollschiff	—	—	—	—	2	4205	—	—
Bark	—	—	—	—	—	—	—	—
Fünfmast-Schuner	—	—	—	—	—	—	—	—
Viermast-Schuner	—	—	—	—	3	3550	—	—
Dreimast-Schuner	5	752	6	1324	10	2206	8	1603
Schuner	5	457	7	815	10	1129	14	1344
Logger	7	690	12	1287	13	1384	21	2134
Galeasse	16	1221	13	952	7	546	15	1228
Galjot	1	80	1	49	—	—	3	161
Kufftjalk	—	—	—	—	—	—	—	—
Tjalk	30	2007	16	1114	15	908	36	1921
Ever	200	9060	79	4111	20	1030	99	4172
Everkahn	—	—	—	—	—	—	1	57
Aak	4	381	—	—	3	400	—	—
Schnigge	—	—	—	—	—	—	—	—
Schlup	—	—	—	—	—	—	—	—
Jacht	—	—	—	—	1	22	—	—
Mutte	—	—	—	—	—	—	—	—
Lomme	—	—	—	—	—	—	—	—
Zusammen	268	14648	134	9652	90	34105	197	12620

Tabelle VII, Fortsetzung.

Typ	Schleswig-Holstein, Westküste und Eider		Schleswig-Holstein, Ostküste		Lübeck		Mecklenburg	
	Anzahl	Br.-R.-To.	Anzahl	Br.-R.-To.	Anzahl	Br.-R.-To.	Anzahl	Br.-R.-To.
Viermast-Bark	—	—	—	—	—	—	—	—
Vollschiff	—	—	—	—	—	—	—	—
Bark	—	—	—	—	—	—	—	—
Fünfmast-Schuner	—	—	—	—	—	—	—	—
Viermast-Schuner	—	—	—	—	1	320	—	—
Dreimast-Schuner	5	1093	1	88	3	629	—	—
Schuner	4	540	3	353	3	274	—	—
Logger	—	—	2	207	2	198	2	212
Galeasse	14	980	5	293	1	90	—	—
Galiot	2	87	—	—	—	—	1	37
Rufftjalk	—	—	1	61	—	—	—	—
Tjalk	18	1273	3	202	1	45	1	84
Ever	59	2189	5	165	2	121	3	112
Everkahn	1	49	—	—	—	—	—	—
Aak	2	165	—	—	—	—	—	—
Schnigge	3	121	—	—	—	—	1	21
Schlup	—	—	1	21	—	—	—	—
Jacht	—	—	—	—	—	—	—	—
Mutte	—	—	—	—	—	—	—	—
Lomme	—	—	—	—	—	—	—	—
Zusammen	108	6497	21	1390	13	1677	8	466

Tabelle VII, Fortsetzung.

Typ	Pommern		Ostpreußen		Nordseegebiet		Ostseegebiet	
	Anzahl	Br.-R.-To.	Anzahl	Br.-R.-To.	Anzahl	Br.-R.-To.	Anzahl	Br.-R.-To.
Viermast-Bark...	—	—	—	—	7	22201	—	—
Vollschiff......	—	—	—	—	4	6722	—	—
Bark..........	—	—	—	—	1	2470	—	—
Fünfmast-Schuner	—	—	—	—	4	7404	—	—
Viermast-Schuner	—	—	—	—	3	3550	1	320
Dreimast-Schuner	16	2350	—	—	47	9400	20	3067
Schuner	18	1396	—	—	68	7682	24	2023
Logger	3	312	—	—	135	14419	9	929
Galeasse	13	660	—	—	91	7072	19	1043
Galiot	1	64	—	—	10	566	2	101
Kufftjalk	—	—	—	—	—	—	1	61
Tjalk	9	521	—	—	211	12143	14	852
Ever...........	27	1014	3	125	511	22792	40	1537
Everkahn	3	190	—	—	11	654	3	190
Aak	—	—	—	—	25	2686	—	—
Schnigge	—	—	—	—	3	121	1	21
Schlup	4	102	—	—	—	—	5	123
Jacht.........	5	145	—	—	1	22	5	145
Mutte.........	—	—	—	—	5	114	—	—
Lomme	1	41	44	1513	—	—	45	1554
Zusammen	100	6795	47	1638	1137	120018	189	11966

Tabelle VIII

Segelschiffbau in Deutschland 1919 bis 1928.

Typ	1919		1920		1921		1922		1923	
	An-zahl	Br.-R.-To.	An-zahl	Br.-R.-To.	An-zahl	Br.-R.-To.	An-zahl	Br.-R.-To.	An-zahl	Br.-R.-To.
a) Hölzerne Segler										
Dreimast-Schuner	1	96	1	94	2	412	2	482	1	105
Schuner	1	77	—	—		297	2	179	3	259
Galeasse	—	—	—	—	—	—	—	—	—	—
Zusammen	2	173	1	94	4	709	4	661	4	364
b) Eiserne Segler										
Viermast-Bark	—	—	—	—	1	3476	—	—	—	—
Vollschiff	—	—	—	—	—	—	—	—	—	—
Fünfmast-Schuner	—	—	—	—	—	—	5	9263	—	—
Viermast-Schuner	—	—	—	—	—	—	—	—	—	—
Dreimast-Schuner	—	—	8	2996	12	2701	3	909	3	1172
Schuner	—	—	5	732	3	618	2	260	4	505
Logger	2	238	2	218	—	—	1	130	1	117
Galeasse	—	—	18	1770	2	278	—	—	—	—
Ever	—	—	—	—	—	—	—	—	—	—
Zusammen	2	238	33	5716	18	7073	11	10562	8	1794
c) Insgesamt	4	411	34	5810	22	7782	15	11223	12	2158

Tabelle VIII, Fortsetzung.

Typ	1924		1925		1926		1927		1928	
	Anzahl	Br.-R.-To.	Anzahl	Br.-R.-To.	Anzahl	Br.-R.-To.	Anzahl	Br.-R.-To.	Anzahl	Br.-R.-To.
a) Hölzerne Segler										
Dreimast-Schuner	2	289	—	—	—	—	—	—	—	—
Schuner	2	193	—	—	1	85	—	—	—	—
Galeasse	—	—	1	49	—	—	—	—	1	66
Zusammen	4	482	1	49	1	85	—	—	1	66
b) Eiserne Segler										
Viermast-Bark	—	—	—	—	1	3064	—	—	—	—
Vollschiff	—	—	—	—	—	—	1	1257	—	—
Fünfmast-Schuner	—	—	—	—	—	—	—	—	—	—
Viermast-Schuner	—	—	—	—	—	—	2	639	—	—
Dreimast-Schuner	4	969	—	—	2	338	—	—	1	173
Schuner	1	147	1	92	—	—	—	—	1	143
Logger	—	—	3	374	—	—	2	254	—	—
Galeasse	—	—	—	—	—	—	—	—	—	—
Ever	—	—	2	56	1	84	—	—	—	—
Zusammen	5	1116	6	522	4	3486	5	2150	2	316
c) Insgesamt	9	1598	7	571	5	3571	5	2150	3	382

Literatur.

Böſeken, M., De Ontwikkeling van Scheepvaart in de Groninger Veenkoloniën. Tijdſchr. Kon. Aardrijksk. Gen. 1911, S. 462 ff.

Brämer, K., Die preuß. Rhederei. Ztſchr. d. Kgl. Preuß. Stat. Bureaus 1870.

Brunner, K., Die volkstümlichen deutſchen Schiffsfahrzeuge. In: Feſtſchrift Ed. Hahn. Stuttg. 1917. S. 292 ff.

Chapmann, F., Architectura navalis mercatoria. Holmiae 1768.

Crone, E., Nederlandſche Jachten, Binnenſchepen, Visſchersvaartuigen en darmee verwante kleine Zeeſchepen 1650—1900. Amſterdam 1925.

Dittmer, R., Handbuch der Seeſchiffahrtskunde. Leipz. 1894.

Friedrichſon, J., Schiffahrts-Lexikon. Hambg. 1879.

Hünten, F., Album der deutſchen Handelsſchiffe. Hambg. 1873.

Ihnken, P., Verſchwindende Schiffstypen. Ztſchr. Ueberall 1901, S. 1273 ff.

Kirſten, G., Alt-Blankeneſe. Hambg. 1912.

Knieſt, P., Schiffe der Ems und Weſer. Ztſchr. Ahoi 1885, S. 89 ff.

Konijnenburg, E. vom, Der Schiffbau ſeit ſeiner Entſtehung. Brüſſel 1913.

Kronenfels, F. von, Alphabetiſches Verzeichnis der Seeausdrücke. Wien 1878.

Le Comte, P., Afbeeldingen van Scheepen en Vaartuigen in verſchillende bewegingen. Amſt. 1831.

Lehmann, Reederei und Schiffbau in Schleswig-Holſtein. Altona 1920.

Lemcke, H., Erſte Anfänge der preuß. Kriegsmarine. Monatsbl. d. Geſ. f. Pommerſche Geſch. 1913, S. 82 ff.

Lindemann, M., Seefiſcherei. Berl. 1881.

Lübbers, L., Schiffahrt Oſtfrieslands. Tübingen 1903.

Magnus, K., Abbildungen der Schiffsgattungen. Stettin o. J.

Mathies, O., Hamburgs Reederei 1814—1914. Hbg. 1924.

Meuß, J., Die Unternehmungen des Königlichen Seehandlungs-Inſtituts zur Emporbringung des preußiſchen Handels zur See. Berlin 1913.

Meyer, B., Mitteilungen über den alten Papenburger Holzſchiffbau. In: Feſtſchrift zur Einweihung des neuen Rathauſes der Stadt Papenburg, 1913 S. 65 ff.

Middendorf, F., Bemaſtung und Takelung der Schiffe. Berl. 1903.

Moeller & Roeloffs, Cyclus von Schiffen. Hambg. 1839.

Müller, E., Abriß d. Seewiſſenſchaften. Berl. 1794.

Paris, E., Souvenirs de Marine. T. I. Paris 1882.

Peters, M., Die Entwicklung der deutſchen Rhederei. 2 Bde. Jena 1899—1905.

Reinhold & Oltmans, Der deutsche Handelskanal   Bremen 1817.
Sand, G., Beschreibung der Schiffe. Erlangen 1812.
Sello, G., Oldenburgs Seeschiffahrt in alter und neuer Zeit. Pfingstblätter des Hans. Geschichtsvereins II. Leipz. 1906.
Smidt, J., Übersicht der bremischen Seeschiffahrt. Bremen 1841.
Steinert, H., Schiffstypen auf dem Frischen Haff. Ztschr. Schiffbau 1910, S. 193 ff.
Stenzel, A., Deutsches seemännisches Wörterbuch. Berl. 1904.
Teubert, O. Die Binnenschiffahrt I. Bd. Leipzig 1912.
Timmermann, W., Blankeneser Schiffahrt. Blankenese 1925.
Voigt, C., Die Emspünte. Ztschr. f. Binnenschiffahrt 1914, S. 227 ff.

———

Almanach d. Deut. Seefischerei-Ver. Berlin 1898 ff.
Alphabetisches Verzeichnis der deutschen Kauffahrteischiffe. Berl. 1870 ff.
Catalogus der Scheepsmodellen in het Nederl. Hist. Scheepvaart-Museum. Amst. 1928.
Deutsche Schiffstypen. Ztschr. Hansa 1874, S. 56 ff.
Führer durch d. Abteilung für Seefischerei im Altonaer Museum. Altona 1903.
Germanischer Lloyd, Internationales Schiffsregister 1872 ff.
Handbuch für die deutsche Handelsmarine, Berl. 1877 ff.
Die Handels-Marine der Niederelbe. Hambg. 1846/47.
Die Handelsmarine der Prov. Pommern und Preußen. Stettin 1870 ff.
Hannoversches Schiffs-Repertorium. Hann. 1860 ff.
Die Rhederei Rostocks. Rostock 1862.
Statistik des Handels von Schleswig u. Holstein, Schlesw. 1835.
Statistische Nachrichten über das Großherzogthum Oldenburg. I. 1846, X. 1866.
Verzeichnis der Schleswig-Holsteinischen Rhederei ult. 1864. Kiel 1865.
Verzeichnis aller Schiffe der Herzogthümer Schleswig und Holstein, Schlesw.-Holst. Provinzial-Berichte 1797, II. S. 295 ff.

Erklärung

einiger in der Schrift häufiger vorkommender Fachausdrücke
(Verfaßt von Prof. W. Vogel.)

Ausgegillte Segel sind Segel, die an der unteren Kante mehr oder minder stark bogenförmig ausgeschnitten sind, um einem dort durchlaufenden Stag (Stütztau des Mastes) Platz zu lassen.

Berghölzer: dicke, manchmal etwas abgerundete, außenbords längs um das Schiff laufende Planken, die einige cm über die übrige Außenbeplankung hinausragen, um diese bei Berührungen mit Landungskajen, Pfählen, anderen Schiffen usw. zu schützen.

Besahnmast s. Großmast.

Bugspriet: ein (meist kurzer) über den Vorsteven wagerecht oder etwas schräg nach oben hinausgeschobener Mast. Seine Verlängerung, gewissermaßen seine Stenge (s. diese), heißt Klüverbaum, auf kleineren Schiffen Jagerbaum.

Davit (eigentlich „Dove Jitte"), Vorrichtung zum Aufhissen und Aufhängen eines Schiffs-Beibootes; daher auch „Bootsdavit". In ihrer einfachsten Form aus zwei am Heck (daher: Heckdavit) schräg hinausragenden Balken bestehend, die an ihren Enden Scheiben tragen, über welche die Tauenden laufen.

Dollbaum: ein Balken, der bei Schiffen ohne festes Verdeck, sozusagen als oberer Abschluß der Wegerung (s. diese) beiderseits an der Innenseite der Spantenköpfe (s. Spanten) rings um die Bordwand läuft. So genannt, weil er frühe und auch jetzt noch bisweilen, Dollen d. h. senkrechte Bolzen zum Anlegen der Riemen (Ruder) trug.

Fingerlinge heißen die eisernen Haken, mit denen das Steuerruder in die am Hintersteven befestigten Ösen eingehängt ist.

Fockmast s. Großmast.

Galion: eine nach Art eines „Schiffsschnabels" gezimmerte und dem Vorsteven vorgebaute Aufklotzung, konkav oder konvex gebogen und häufig mit Schnitzwerk versehen. Galionsknie: ein einfaches, an der Vorderseite konkav gekrümmtes Holzknie vor dem oberen Ende des Vorstevens, sozusagen Kümmerform des Galions.

-Gatt: die mit -gatt zusammengesetzten Wörter bezeichnen die Form des hinteren Schiffsendes, des Hecks. Plattgatt = mit einem breiten flachen Heck (Spiegel), rundgatt = mit einem runden Heck, spitzgatt = mit einem zum Achtersteven spitz zulaufenden Heck.

Großmast ist der Hauptmast. Bei Schiffen mit drei Masten heißt der vordere Fockmast, der mittlere Großmast, der hintere Besahnmast. Bei zweimastigen Schiffen heißt der vordere Fockmast, der hintere Großmast, wenn beide Masten gleichgroß oder der hintere höher ist. Ist dagegen der vordere Mast höher, so nennt man ihn Großmast und den hinteren Besahnmast.

Kimm heißt die Gegend am Schiffsrumpf, wo der Boden in die Seitenwände übergeht. Von runder Kimm spricht man, wenn dieser Übergang in allmählicher Rundung, von kantiger Kimm, wenn er mit einem scharfen Winkel, einer Kante, erfolgt. Kimmplanke = die unterste Planke der Seitenwand, von der ab nach dem Kiel zu der Boden folgt. Aufkimmender Boden heißt ein Schiffsboden, der in der Querrichtung nicht völlig eben ist, sondern vom Kiel nach der Kimm zu mehr oder weniger ansteigt.

Kimmkiel: ein kielartiger, an den Enden abgeschrägter Balken, oder vielmehr zwei, die zu beiden Seiten des Schiffsbodens in der Gegend der Kimm (s. diese) angebracht sind.

Klinker und Kraweel sind Ausdrücke, die sich auf die Verbindungsart der Außenplanken beziehen. Klinker ist ein Schiff gebaut, wenn — vom oberen Bordrand zum Kiel gerechnet — jede Planke mit ihrer Unterkante auf der Oberkante der nächsten Planke etwas übergreifend aufliegt, sodaß die Außenhaut des Schiffes ein sozusagen abgetrepptes Aussehen bekommt; die Planken sind dann mittels durchgehender Nietbolzen aneinander befestigt. Beim Krawelbau dagegen stoßen die Planken mit den Schmalkanten stumpf aneinander und sind nur an den Spanten befestigt. Die Außenhaut ist in diesem Fall ganz glatt, und wenn man noch tüchtig mit Farbe darüber geht, kann man kaum unterscheiden, wo die Plankennähte liegen, während beim Klinkerbau jeder einzelne Plankengang rings um das Schiff deutlich zu verfolgen ist.

Klippersteven: ein Vorsteven, der nach Art der Vorsteven bei den schnellsegelnden amerikanischen „Klippern" ziemlich schräg und etwas konkav gebogen nach außen ausfällt. Küstenfahrer mit K. gewinnen dadurch vorn das Aussehen von „großen" Segelschiffen.

Klüsbacken: ein deckelartiger Beschlag an der Außenwand in der Umgebung der Ankerklüsen, d. h. der Löcher am Bug, durch die die Ankerketten nach außen laufen; dient zur Verstärkung.

Klüverbaum s. Bugspriet.

Koker: eine Röhre, durch welche der obere Teil des Steuerruder-Schaftes durch das überragende Heck zum Oberdeck hindurchführt.

Lehnung: das seitliche Ausfallen der Bordwände.

Leibholz: die äußerste, beiderseits längs der Bordwand verlaufende Deckplanke, die besonderns stark gehalten ist.

Loskiel: eine unter dem richtigen Kiel angebrachte Planke, die z. B. bei Grundberührungen den Kiel schützt und sich von diesem loslösen kann, ohne das er selbst Schaden nimmt.

Lukensülle: die Schwellen, die oben rings um die Lukenöffnungen laufen; oft ziemlich hoch, um zu verhindern, daß überkommende Wellen durch eine gerade offene Luke in den Schiffsraum laufen.

Pfahlmast heißt ein Mast ohne Stenge (s. diese).

Piek: die Gegend am Hinterschiff unter Wasser, wo Boden und Seitenwand spitz zulaufend (daher der Name) dem Hintersteven zustreben.

Quarterdeck, der hintere Teil des Oberdecks, nach dem Heck zu, heißt so, wenn er etwas erhöht ist, um z. B. eine darunter befindliche Kajüte zu decken.

Roof soviel wie Kajüte, speziell für die Mannschaft.

Schanzkleid: jetzt die Beplankung der Verschanzung (s. diese). Ursprünglich ein wirkliches Kleid d. h. aus Segeltuch bestehend.

Segel: Besahn s. Groß.

Bram= s. Mars.

Breitfock, ein breites Rahsegel (s. dieses), das ausnahmsweise bei Schiffen, die sonst nur Schratsegel führen, an einer provisorisch aufgeheißten Rahe gesetzt wird, um von hinten kommenden Wind zu benutzen.

Fock, das unterste Rahsegel am Fockmast.

Gaffelsegel heißt jedes Schratsegel, das am oberen Rand an einer Gaffel hängt, d. h. an einer am unteren (gabelartigen) Ende am Mast befestigten beweglichen Strebe, die vom Mast aus nach hinten und etwas nach oben gerichtet ist. Die entsprechende Strebe am unteren Rand des Gaffelsegels, die bedeutend länger ist als die Gaffel, heißt Gaffelbaum. Gaffeltoppsegel heißt ein kleines, meist dreieckiges Segel, das oberhalb der Gaffel den spitzen Winkel zwischen Gaffel und Mast ausfüllt.

Gieksegel, ein Gaffelsegel mit kurzer Gaffel und umso längerem Gaffelbaum. Besonders bei einmastigen Schiffen üblich; bei zweimastigen mußte der Gaffelbaum verkürzt werden, um nicht mit dem Besahnmast zu kollidieren, und so entstand das normale Gaffelsegel.

Großsegel: bei Schiffen mit Rahtakelung heißen die untersten Segel je nach dem Mast Focksegel und Großsegel. Bei Schiffen mit Gaffeltakelung heißt das Gaffelsegel am Großmast Großsegel, das am Fockmast meist Schunersegel. Das Besahnsegel am Besahnmast ist gewöhnlich ein Gaffelsegel, neuerdings auch ein Spitzsegel, ohne Gaffel.

Jager heißt beim Vorhandensein mehrerer Klüversegel das vorderste derselben.

Klüver, dreieckige Stagsegel, die an den vom vorderen Mast zum Bugspriet oder Klüverbaum laufenden Stagen aufgehängt sind.

Marssegel. Wenn an einem Mast mit normaler Rahtakelung mehrere Rahsegel übereinander gesetzt sind, heißt das zweite von unten Mars=, das darüber befindliche dritte Bram=, das vierte Oberbramsegel oder Reuel. Je nach dem Mast unterscheidet man ferner das Vormars= und Vorbram=, das Großmars= und Großbram= usw. Segel.

Rahsegel heißt jedes Segel, das an einer Rah hängt, d. h. einem Querbaum, der in seiner Mitte am Mast befestigt ist, mit diesem also sich im rechten Winkel kreuzt. Normalerweise stehen die Rahen ferner so, daß sie sich mit der Längsachse des Schiffes im rechten Winkel kreuzen, sie können aber auch mehr oder weniger in der Seitenrichtung gedreht werden, so daß sie mit der Längsachse einen spitzen Winkel bilden.

Reuel siehe Marssegel.

Schootsegel, ein Gaffelsegel ohne Gaffelbaum.

Schratsegel heißt im Gegensatz zum Rahsegel jedes Segel, das normalerweise in der Ebene der Längsachse des Schiffes hängt, also vorwiegend zur Ausnutzung seitlichen Windes dient. Je nach der Art der Aufhängung unterscheidet man Gaffel-, Spriet- und Stagsegel (s. diese).

Sprietsegel heißt ein Schratsegel, das an einem Spriet aufgehängt ist, d. h. einem langen Baum, der am unteren Ende in einem Ring am Mast befestigt ist und im Winkel von ca. 45° nach dem entgegengesetzten oberen und äußeren Ende des Segels läuft, das Segel also in der Diagonale quert und so ausgespannt hält.

Stagfock, ein am Fockstag fahrendes dreieckiges Stagsegel, gewissermaßen der unterste und am meisten binnenbords befindliche Klüver. Ist auch bei Schiffen vorhanden, die kein Bugspriet führen.

Stagsegel heißen alle Segel, die an einem Stag fahren, d. h. einem der Haltetaue, die die Masten und Stengen in der Längsrichtung stützen. Je nach Mast und Stenge unterscheidet man Fockstag, Großstag, Vormarsstengestag usw. Stagsegel haben meist dreieckige oder trapezförmige Gestalt.

Toppsegel, im engeren Sinne leichte Rahsegel, die in Höhe der Marsoder Bramsegel auf Schiffen gesetzt werden, die sonst keine Rahsegel als Hauptsegel führen. Davon zu unterscheiden sind die Gaffeltoppsegel s. Gaffelsegel. Im weiteren Sinne nennt man wohl alle oberen Rahsegel insgesamt zur Unterscheidung von den unteren Hauptsegeln Toppsegel.

Seitenschwerter: große blattförmige Plankendeckel, beiderseits mittschiffs am schmäleren Ende befestigt und zum Herablassen mit dem breiteren Ende eingerichtet. Dienen bei flachbodigen Schiffen als Ersatz für den Kiel, um das seitliche Abtreiben zu verhindern.

Spanten: die rippenförmigen gebogenen Balken, die quer auf dem Kiel sitzend, die Außenkante des Schiffes gewissermaßen seitlich ausspannen. Je mehr sich die Form der Spanten, die normalerweise etwa einem breitgezogenen lateinischen U ähnelt, der V-Form nähert, umso schmäler wird der Schiffskörper. Je nach der Spantform, besonders im Vorschiff, spricht man daher von „voll" oder „scharf" gebauten Schiffen. S. auch Wasserlinie. Die oberen Enden der Spanten heißen auch Spantenköpfe.

Spiegel s. -Gatt.

Sprung: das Ansteigen des Decks in der Längsrichtung, von der Mitte nach beiden Enden zu. Schiffe mit starkem Sprung steigen also nach den Enden zu stark an, bei schwachem Sprung verlaufen sie fast wagerecht.

Stenge, Verlängerung des Mastes nach oben, entweder fest mit diesem verbunden, oder zum Herunterlassen eingerichtet (lose Stenge).

Steven: die beiden schweren Balken, die, von den Enden des Kiels mehr oder weniger senkrecht aufsteigend, den Schiffskörper vorn und hinten anschließen; daher Vorsteven und Achter- (oder Hinter-) steven.

Streck: ein kurzer Kiel am Hinterschiff. Kommt nur bei Schiffen mit einem flachen, hinten aufgeholten Boden vor.

Verschanzung: das mit Planken bekleidete Geländer rings um das Oberdeck.

Wasserlinien, die idealen Linien, die den in mehrere übereinander liegende Ebenen zerschnitten gedachten Schiffskörper (in der Draufsicht) begrenzen, besonders im „lebenden Werk" d. h. dem im Wasser befindlichen Teil. Man spricht von scharfen Wasserlinien, je mehr sich diese einer flachen, von völligen Wasserlinien, je mehr sie sich einer stark gebogenen Kurvenform nähern.

Wegerung, die an der Innenseite der Spanten befestigte Plankenhaut des Schiffsrumpfs, im Gegensatz zu der an der Außenseite befestigten Außenhaut. Die Wegerung ist also gewissermaßen die innere Fütterung der Schiffswand und des Schiffsbodens.

Verzeichnis der Abbildungen

Abb. 1 Toppsegelschuner (1890)
„ 2 Galeasse „Najade" von Rendsburg (1840)
„ 3 Galeasse „Karl und Marie" von Barth (1884)
„ 4 Jacht „Thetis" von Arnis (1842)
„ 5 Schaluppe „Elbe" von Blankenese (1836)
„ 6 Kuff „Nordsee" von Helgoland (1830)
„ 7 Schunergaliot (1890)
„ 8 Eiderschnigge „Margarethe" von Nübbel (1865)
„ 9 Tjalk „Harmine" Westrhauderfehn (1891)
„ 10 Rhin-Ever „De junge Franz fohrt in Hoffnung" (1828)
„ 11 Ostsee-Ever „Aktiv" von Uetersen (1854)
„ 12 Störprahm „Die Freundschaft" von Itzehoe (1748?)
„ 13 Weserkahn „Dorothea" von Bremen (1860)
„ 14 Lomme „Auguste" von Tolkemit (1874)
„ 15 Eiserne Tjalk (1905)
„ 16 Eiserner Besahn-Ever (1905)
„ 17 Schlup (1879)
„ 18 Jacht (1860)
„ 19 Eiderbojer (1870)
„ 20 Schlup (1850)
„ 21 Eiderschnigge (1865)
„ 22 Kufftjalk (1860)
„ 23 Jacht (1840)
„ 24 Rah-Ever (1850)
„ 25 Eidergaliot (1860)
„ 26 Tjalk (1891)
„ 27 Galeasse (1768), nach Chapman
„ 28 Galeaß-Ever (1835)
„ 29 Kuff (1878), nach Paris
„ 30 Besahn-Ever (1900)
„ 31 Eiserner Ever (1905)
„ 32 Galiot (1850)

Abb. 33 Eiserne Galeasse (Schuneraak), (1901)
 „   34 Eiserne Tjalk (1905)
 „   35 Eiserner Logger (1904)
 „   36 Eiserner Gaffelschuner (1910)
 „   37 Dreimast-Gaffelschuner (1921)
 „   38 Toppsegelschuner (1851)
 „   39 Kurischer Reisekahn (1879)
 „   40 Hauptspant einer Kufftjalk (1860)
 „   41 Hauptspant einer eisernen Galeasse (Schuneraak), (1910)
 „   42 Hauptspant eines eisernen Gaffelschuners (1910)
 „   43 Hauptspant eines Besahn-Evers (1900)
 „   44 Hauptspant eines Galeaß-Evers (1835)
 „   45 Hauptspant einer Jacht (1840)

Abb. 1   Toppsegelschuner (1890)   M. Dreblow, Stettin

Abb. 2   Galeasse „Najade" von Rendsburg (1840)

Abb. 3 Galeasse „Karl und Marie" von Barth (1884)

Abb. 4 Jacht „Thetis" von Arnis (1842)

Abb. 5 Schaluppe „Elbe" von Blankenese (1836)

Abb. 6   Kuff „Nordsee" von Helgoland (1830)

Abb. 7   Schunergaliot (1890)

M. Dreblow, Stettin

Abb. 8   Eider-Schnigge „Margarethe" von Nübbel (1865)

Abb. 9   Tjalk „Harmine von Westrhauderfehn (1891)

Abb. 10   Rhin-Ever „De junge Franz fohrt in Hoffnung" (1828)

Abb. 11   Ostsee-Ever „Aktiv" von Ütersen (1854)

Abb. 12 Störprahm „Die Freundschaft" von Itzehoe (1748?)

Abb. 13   Weserkahn „Dorothea" von Bremen (1860)

Abb. 14   Lomme „Auguste" von Tolkemit (1874)

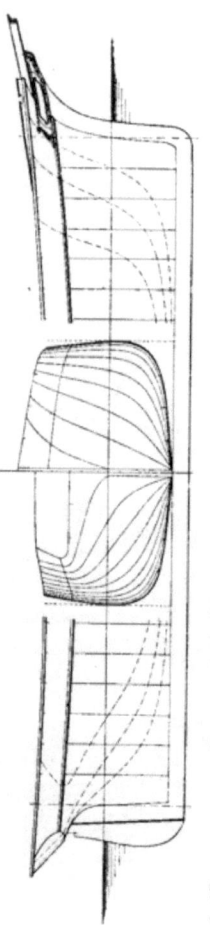

Abb. 17 Schlup (1879) Länge 10,15 m, Breite 4,00 m, Höhe 1,58 m (1:100)

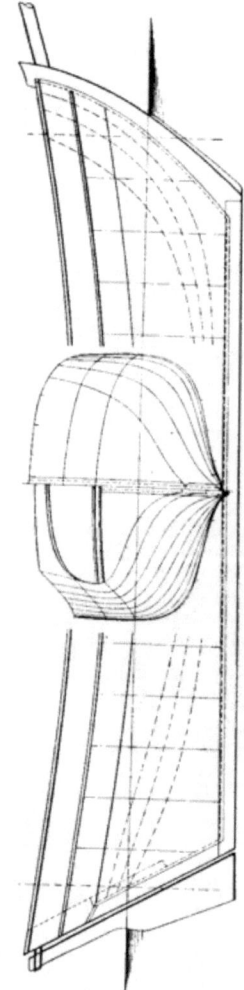

Abb. 18 Jacht (1860) Länge 11,50 m, Breite 4,10 m, Höhe 1,83 m (1:100)

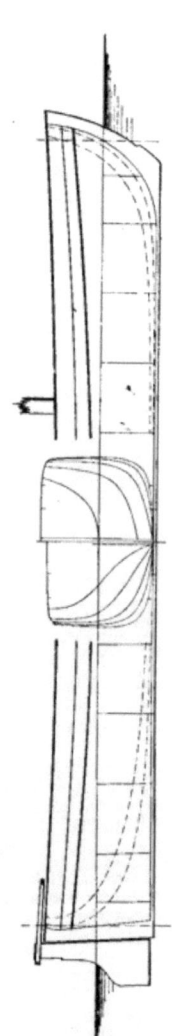

Abb. 19 Eiderbojer (1870) Länge 12,05 m, Breite 2,59 m, Höhe 1,22 m (1:100)

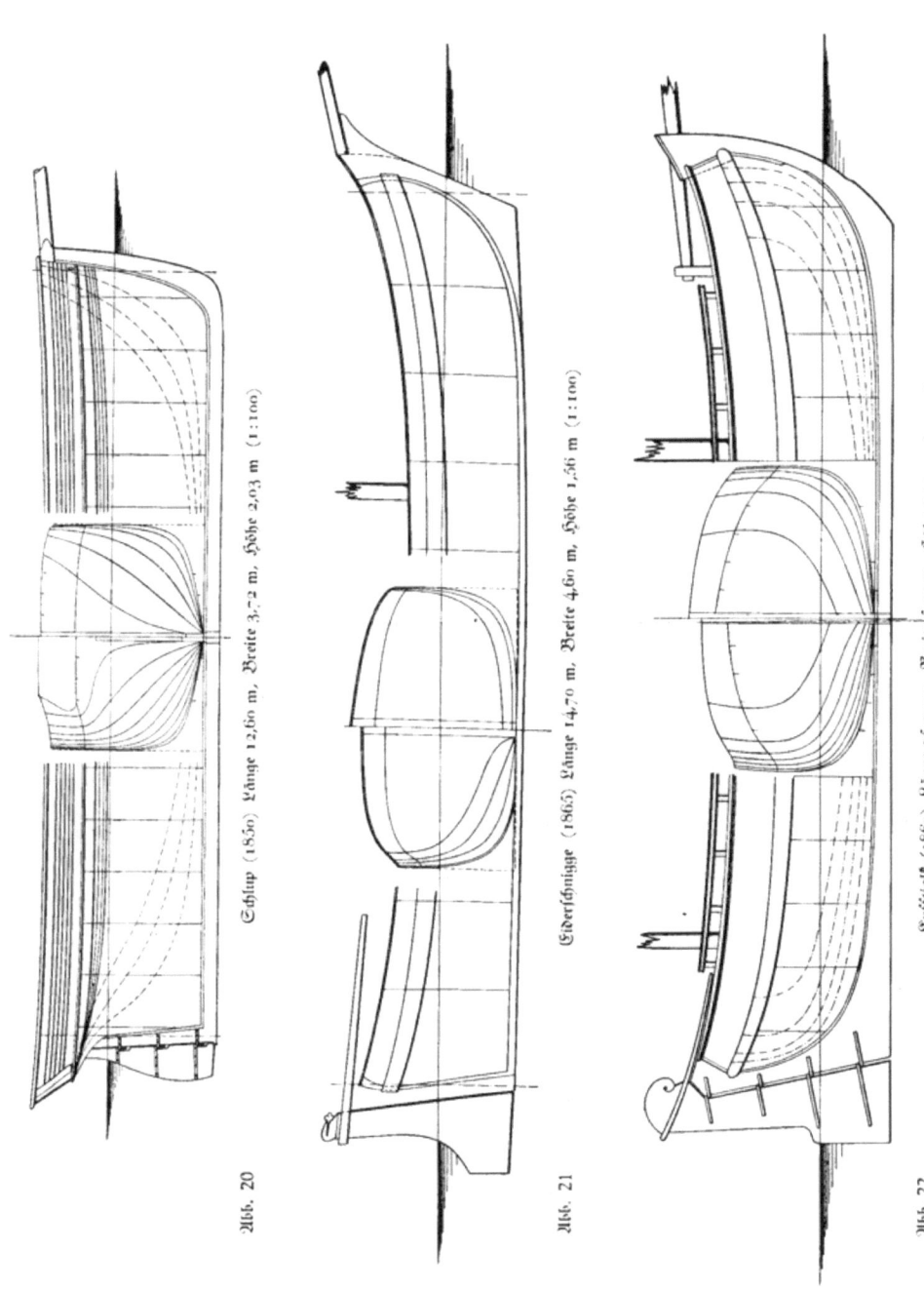

Schlup (1850) Länge 12,60 m, Breite 3,72 m, Höhe 2,03 m (1:100)

Abb. 20

Eiderschnigge (1865) Länge 14,70 m, Breite 4,60 m, Höhe 1,56 m (1:100)

Abb. 21

Kuffjalk (1860) Länge 15,00 m, Breite 5,22 m, Höhe 1,73 m (1:100)

Abb. 22

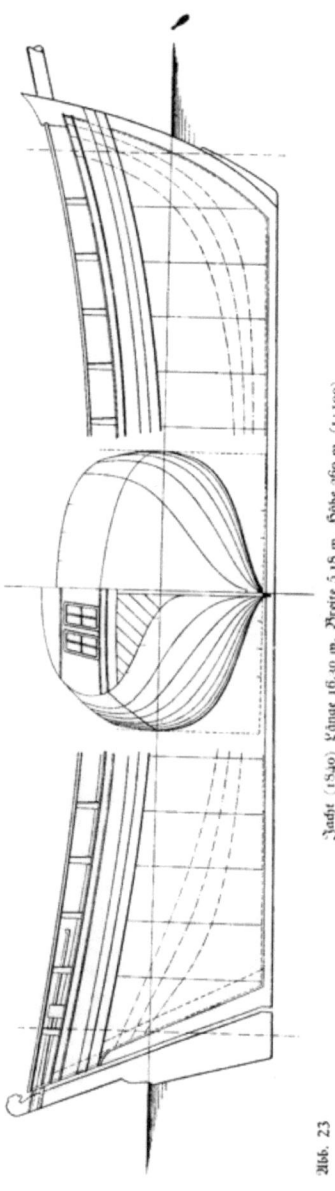

Abb. 23 Jacht (1840) Länge 16,30 m, Breite 5,18 m, Höhe 2,60 m (1 : 100)

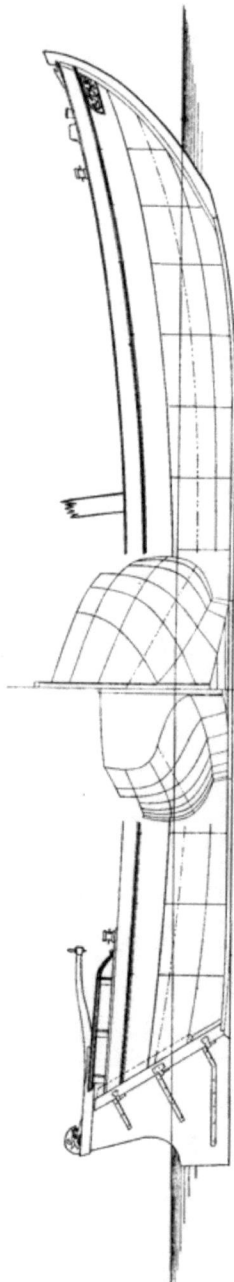

Abb. 24 Kahn-Ever (1850) Länge 16,30 m, Breite 4,65 m, Höhe 1,55 m (1 : 100)

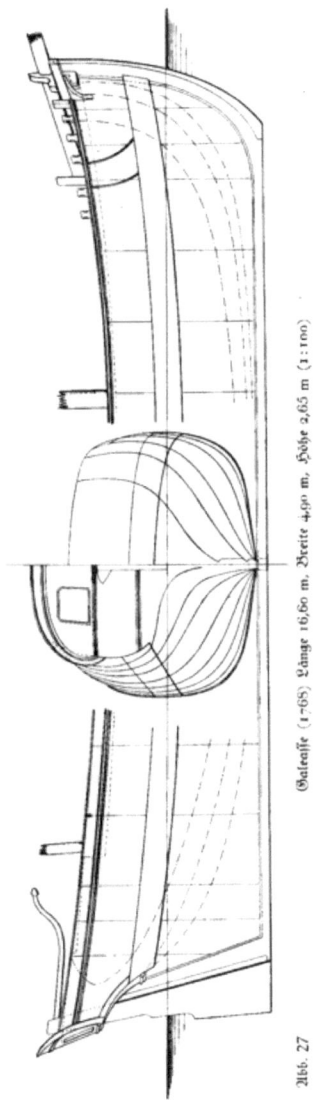

Abb. 27 Galeasse (1868) Länge 16,60 m, Breite 4,90 m, Höhe 2,65 m (1:100)

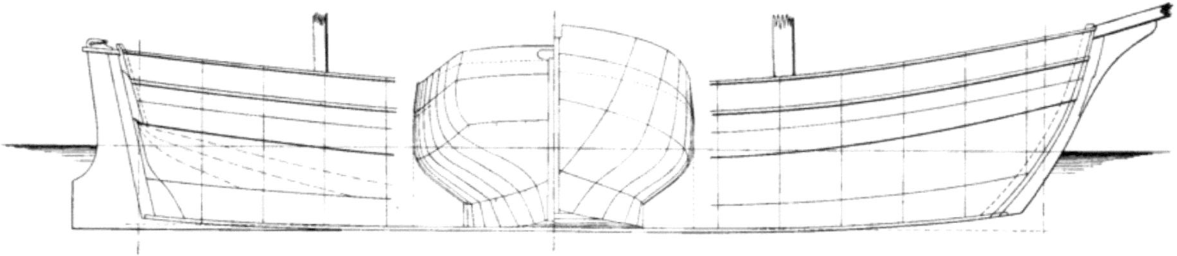

Abb. 28 Galeaß-Ever (1835) Länge 16,75 m, Breite 5,17 m, Höhe 2,09 m (1:100)

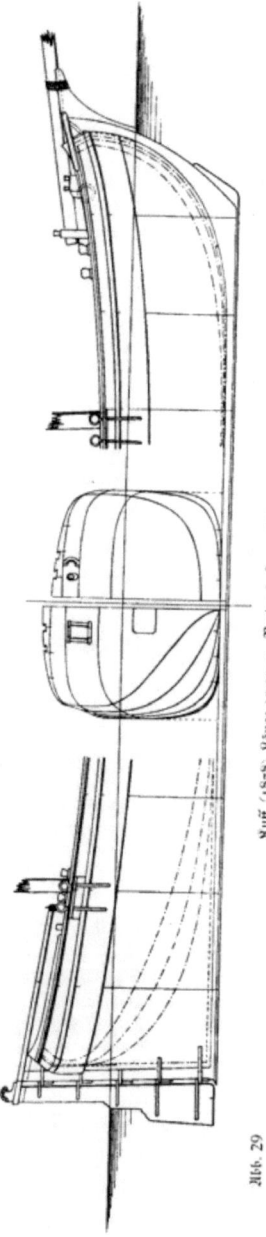

Abb. 29. Kuff (1878). Länge 17,00 m, Breite 4,18 m, Höhe 2,03 m (1:100)

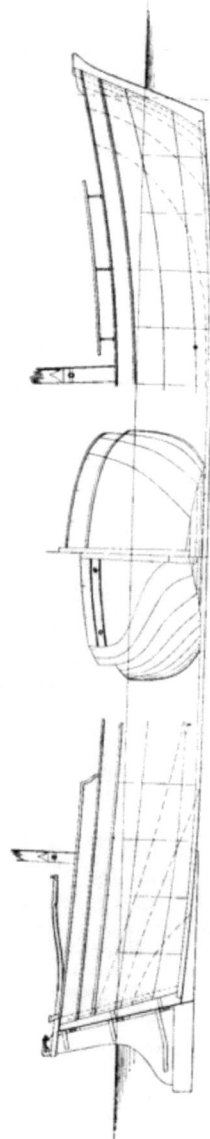

Abb. 30. Besahn-Ever (1900). Länge 17,00 m, Breite 4,60 m, Höhe 1,40 m (1:100)

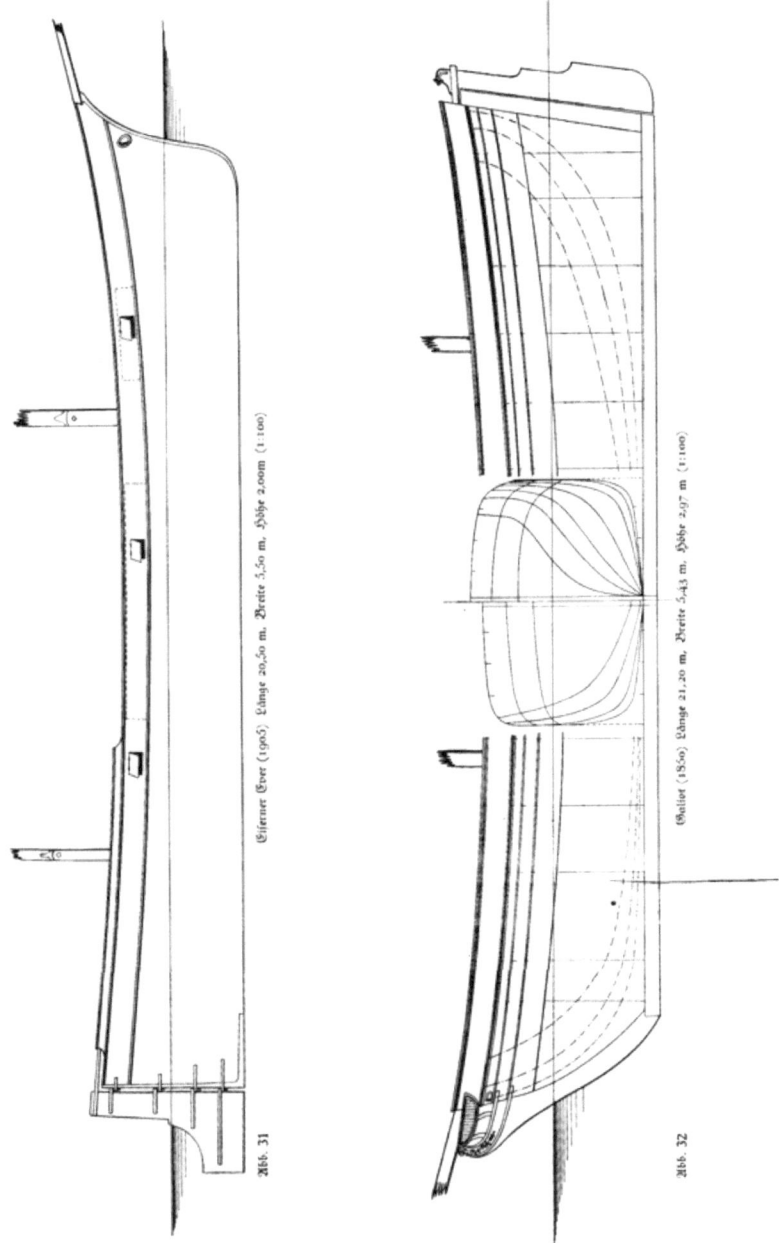

Abb. 31 Eiserner Ever (1905). Länge 20,50 m. Breite 5,50 m. Höhe 2,00 m (1:100)

Abb. 32 Gulliver (1850). Länge 21,20 m. Breite 5,43 m. Höhe 2,97 m (1:100)

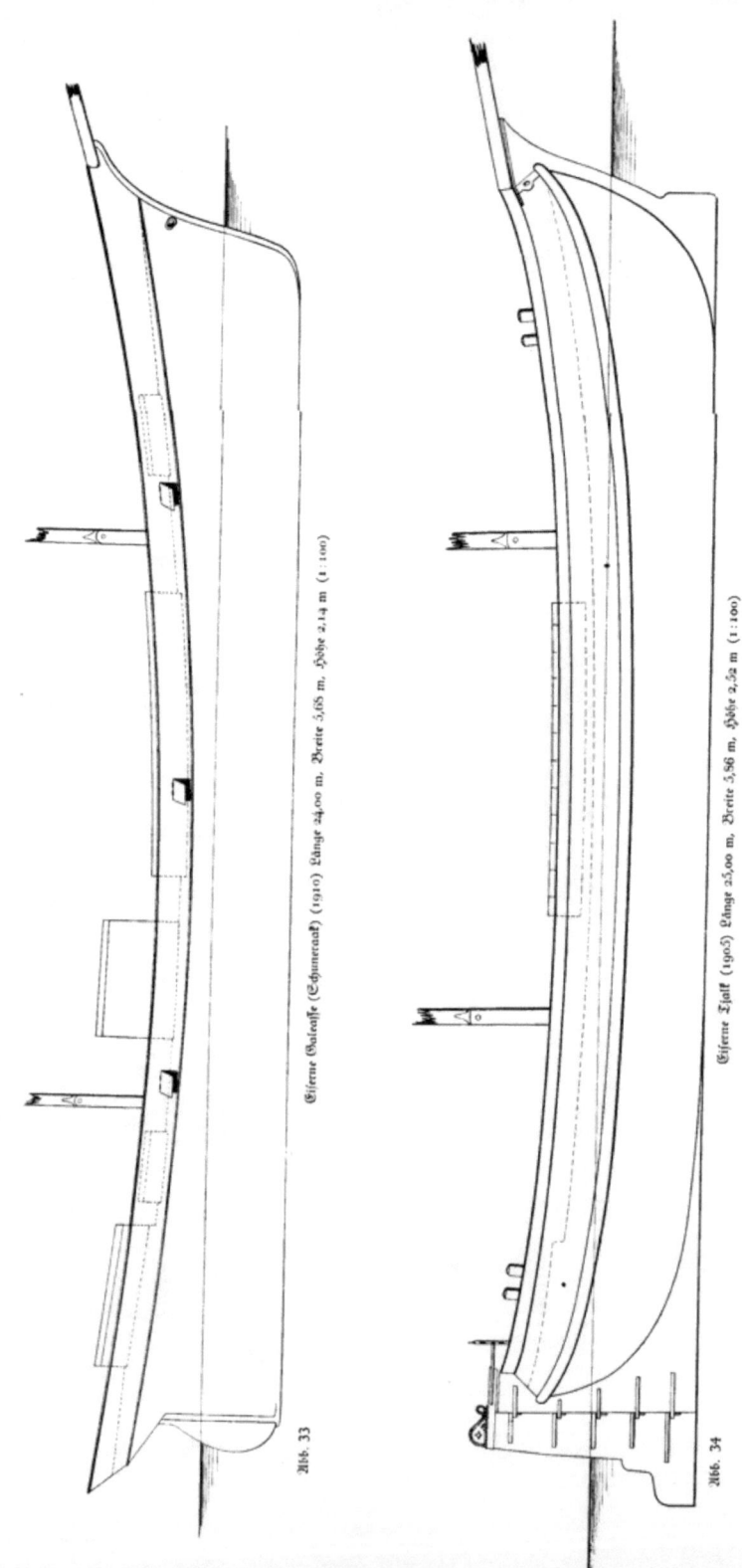

Eiserne Galeasse (Schunerad) (1910) Länge 24,00 m, Breite 5,65 m, Höhe 2,14 m (1:100)

Abb. 33

Eiserne Tjalk (1905) Länge 25,00 m, Breite 5,56 m, Höhe 2,52 m (1:100)

Abb. 34

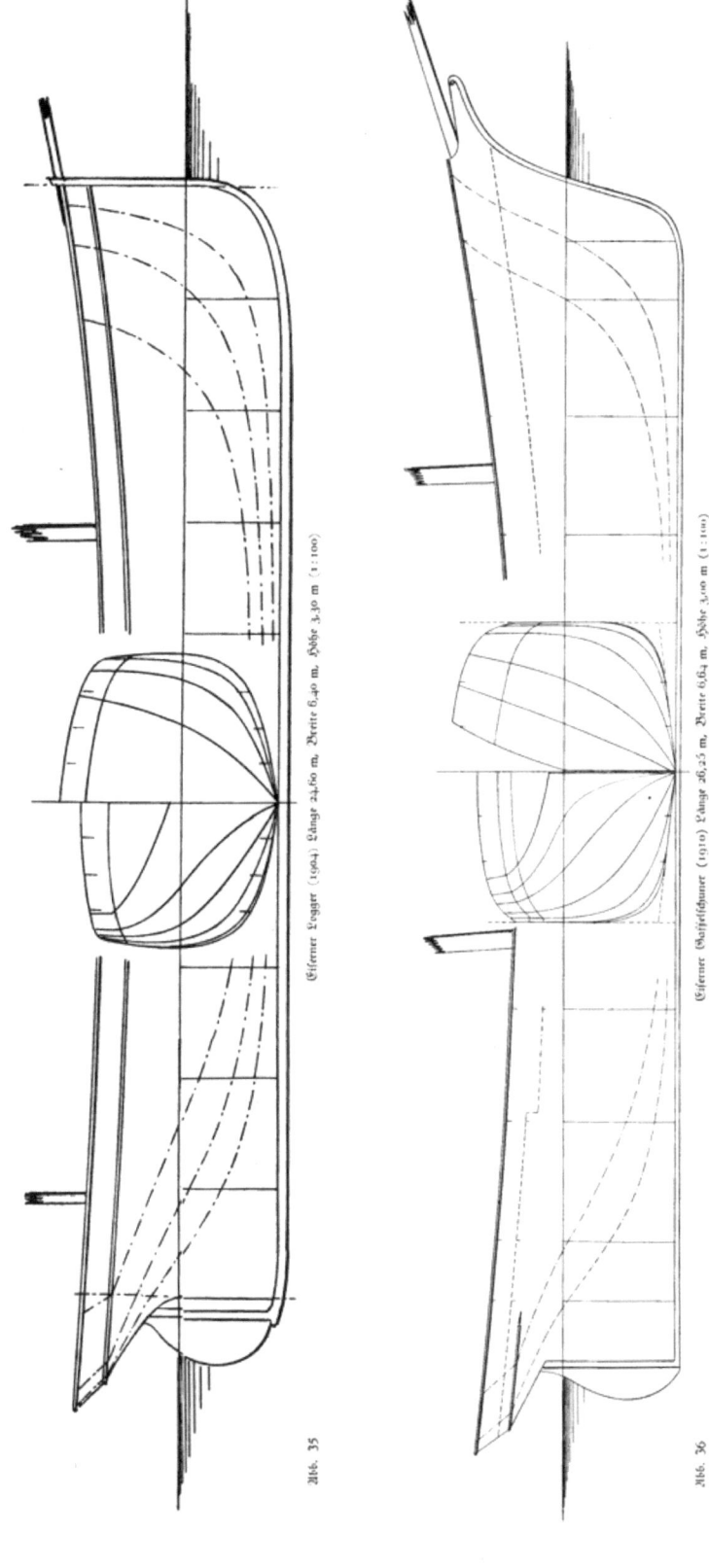

Eiserner Logger (1904) Länge 24,60 m, Breite 6,40 m, Höhe 3,30 m (1:100)

Abb. 35

Eiserner Gaffelschoner (1910) Länge 26,25 m, Breite 6,64 m, Höhe 3,00 m (1:100)

Abb. 36

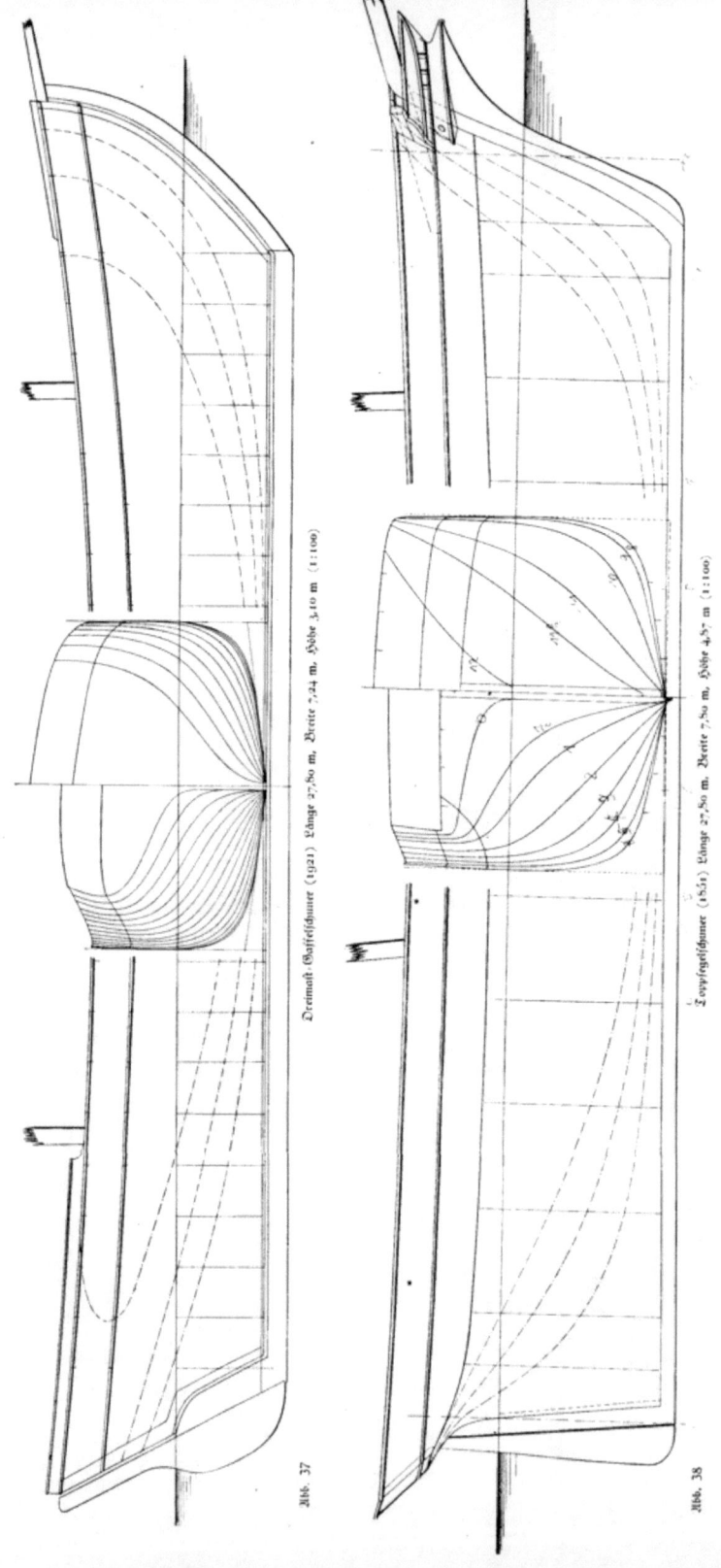

Abb. 37. Dreimast-Gaffelschoner (1921). Länge 27,80 m. Breite 7,24 m. Höhe 3,10 m (1:100)

Abb. 38. Toppsegelschoner (1858). Länge 27,80 m. Breite 7,80 m. Höhe 4,85 m (1:100)

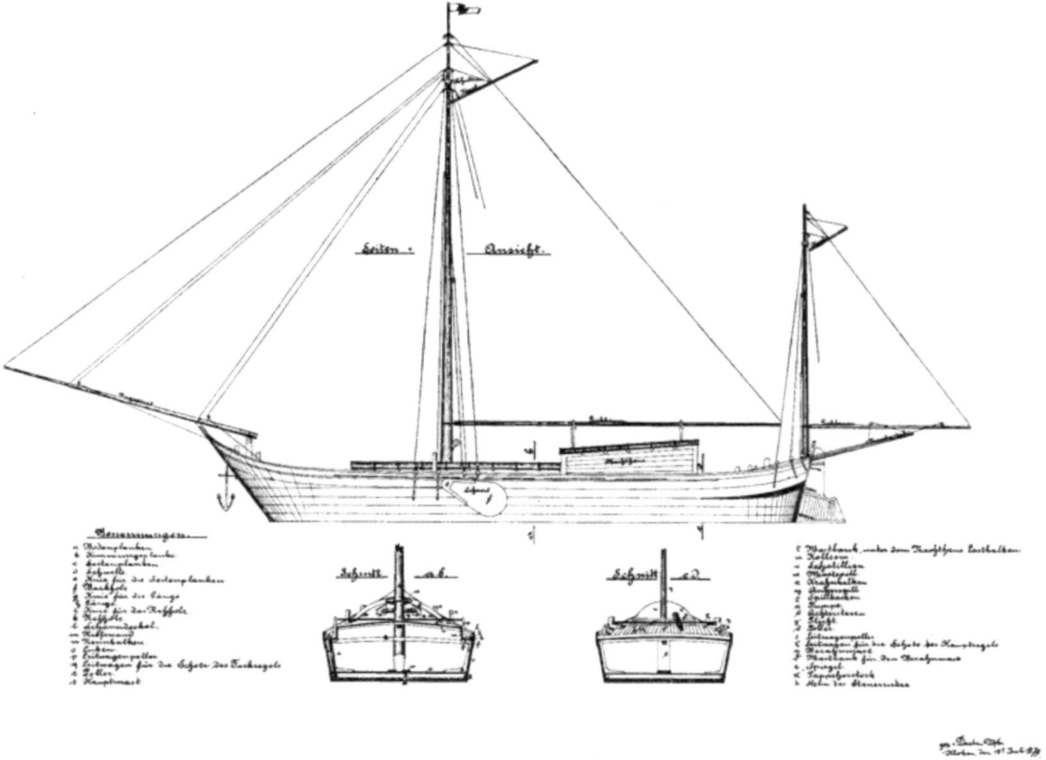

Abb. 39. Kurischer Reisekahn (1879) Länge 21,50 m, Breite 5,70 m, Höhe 1,70 m (1:200)

Hauptspanten hölzerner und eiserner Segler
(1:75)

Abb. 43 Besahn-Ever (1900)

Abb. 44 Galeass-Ever (1835)

Abb. 45 Jacht (1840)

Abb. 40 Kuffjacht (1860)

Abb. 41 Eiserne Galeasse (1910)

Abb. 42 Eiserner Gaffelschuner (1910)